血

Bloody

歷史

History

從英國海軍到

孫運璿的英文顧問之路

仇家彪 著

從一個默默無名的小兵變成台灣第一兩棲作戰蛙人教官、
歷任金門八二三炮戰作戰參謀、台灣科技推手孫運璿先生英文秘書、
外交部駐美大使館一級秘書、參事、
參與中美貿易談判及中歐（盟）貿易談判，
到擔任中歐貿易促進會秘書長，
他，見證了遷台以來中華民國軍、政、商的內幕秘辛。

序

　　1953年春，國軍曾以頗具規模的兵力對金門南方之東山島行突擊作戰。計畫大綱由金防部完成，金防部司令官兼任作戰之指揮官，兵力以陸軍為主含空降部隊，海、空軍及陸戰隊為輔，此一戰役之經驗教訓，對國軍極為重要，從此真正認知兩棲作戰乃一極為複雜之三軍聯合作戰，如不循正規計畫作業程序，未精練兩棲登陸戰技與戰術，則難以發揮參加部隊之統合戰力。美國國防部經駐台軍事顧問團之詳報與建議，於是年秋決定邀請國軍派遣軍官前往美西岸兩棲基地接受兩棲作戰專業訓練。在此之前，美軍從未對亞洲任何國家開放過。海軍考選軍官八員於1953年8月赴美，我本人以上尉軍官參加。一個月後海軍梁序昭將軍（時為艦訓部司令）率陸、海、空三軍軍官10人抵達，不久後第三批海軍軍官15人相繼抵達，其中有仉家彪學弟（爾後每年我方均考選軍官受此項訓練）。我們在同一基地受訓，返國後我任教職半年，又奉調兩棲部隊司令部任幕僚職，策劃兩棲部隊之建軍。家彪則在兩棲訓練司令部擔任教官，也隨時參與國軍兩棲兵力的討論。我們年輕軍官大都住在兩棲基地的BOQ中，下班後非常熱鬧。每逢假日大宿舍裡清靜無人，我多次看到家彪在房間內一個人靜坐讀書或寫作，非常專注，才知道他是一位勤奮好學、孜孜不倦的優秀軍官。家彪在1946年參加知識青年從軍，到英國海軍基地受訓，兩年後接重慶艦返國。是年秋他和幾位同舟考入海軍

官校，1952年畢業（41年班）。當年知識青年從軍都是大專各校的優秀學生經海軍遴選分赴英美受訓，然後接艦返國。返國後又毅然決然投考海軍官校，本人紮紮實實苦讀四年後，在海軍受到普遍的重視。因為這一批軍官矢志報效海軍、志節堅定、百折不回，當然是海軍建軍大業先鋒隊的新血輪，在艦隊也受到官兵的尊重與歡迎。基於這些了解，我對家彪很器重也很欽佩。

留美接受兩棲作戰，訓練三批軍官共約二十幾位，回國後就成為國軍建立兩棲作戰能力的種子隊伍。在此之前海軍沒有人學過或經歷過此項專業。或許有聽過兩棲作戰（Amphibious Warfare），對其內容則了無概念，故一切要從頭開始。當年台灣物質條件樣樣不足，但憑一股熱忱與責任感，大家奮勉以「篳路藍縷，以啟山林」的開荒精神，全心全力投入工作。作教官的不只在課室講解，還要在實地帶領示範操作兩棲艦艇與裝備，所幸這些項目在美受訓時都學過，但是南台灣的長夏烈日如焚，海灘上只有沙，沒有一棵樹、一片草，從早到晚日晒雨淋、海水灑鹽，家彪這一組教官每天在海上及灘頭教導官兵，口乾舌敝、精疲力竭，那份辛苦勞累難以想像，家彪曾贏得三軍知名的「名教官」美譽，卻也累得既瘦又黑頗似魚乾了。他在這職位上一直打拼了四年，因為兩訓部司令馮啟聰將軍是海軍名將，但也是以「知人、善用、不准走」聞名全軍。他對家彪真是器重，當他高陞兩棲部隊司令時，立即調家彪去他麾下任作戰官。

海軍為磨練最新兩棲作戰戰技四、五年間所作的努力，功不唐捐。當年家彪和一批教官、參謀官們為此奉獻血汗的長期打拼也沒有白費。海軍陸戰隊同時在成長進步，兩棲部隊定期舉行營級、團級的登陸演習，每次有缺點就認真改進，爾後一直到師級與盟軍聯

合實兵登陸演習都做過，美軍也承認國軍夠水準了。這種成就從無到有，真不簡單。

　　1958年實際的戰爭來考驗評分了，金門在8月23日爆發炮戰，對方的戰略目標很明顯：他們要用綿密的炮火來切斷金門的海上補給站，同時也測試美國第七艦隊的態度。對方計畫周詳，準備充份，炮戰期間對金門彈下如雨，其彈著密度是人類戰史中絕無僅有的。

　　八二三金門炮戰之時，家彪是兩棲部隊作戰處上尉作戰官，負責草擬金門運補計畫，並隨兩棲部隊司令兼65特遣部隊指揮官馮啟聰中將率領第一梯次船團在猛烈炮火下，指揮登陸艦搶灘，下卸部隊、武器與裝備。砲戰為期三個月，他一直是馮指揮官身邊的得力參謀，每天從早晨八時工作至晚上十一時。因此累出胃病，並成為他終生的宿疾，他處之泰然，從不抱怨。

　　家彪因兩棲專業教學與參謀作業表現優異，為前後任兩棲部隊司令馮啟聰中將及崔之道中將所倚重，一再留任，因此沒有機會在艦隊歷練，耽誤了海上資歷。他於民國50年以第一名考進國防部連絡局擔任局長室的外事聯絡官，開始與美國顧問團團本部及美軍台灣協防司令部辦公室的美軍三軍軍官打交道，建立友好夥伴關係，此一職務準時下上班，也不再需要加夜班，因此他有時間看書自修了。據他回憶，那是他在軍中工作最快樂的四年。

　　嗣後家彪奉派往行政院駐美採購團軍資組工作三年，晚間在州立馬里蘭大學選修英文寫作及美國政府與美國史課程，由此奠定了他的英文寫作基礎。民國57年調返台北時，馮啟聰總司令立即調他擔任海軍總部外事連絡室主任。

民國58年10月，經濟部孫運璿部長邀聘家彪擔任他的英文秘書兼辦國際合作業務，馮總司令顧念家彪欠缺海上艦艇資歷，在軍中發展有限，故予同意。他後來出任新成立的交通部觀光局主任秘書，外交部北美司專門委員及駐美大使館一等秘書，並升任參事。民國67年春他服務公職滿25年，即申請退休，轉入企業界服務。就在他退休不久後，我在機場與他邂逅相遇，曾對於他離開公職表示惋惜之意。

家彪於民國69年參加經濟部及公民營企業聯合組織的中歐貿易促進會工作，擔任副秘書長及秘書長共13年，這是他的事業頂峰。因為他已經累積了海軍、經貿及外交工作的經歷，單槍匹馬，訪問歐洲各國，向歐洲國家經貿官員、工業總會、商會及大企業總部作簡報，介紹台灣的經貿發展經過和前景展望，以及台灣的優越投資環境。此期間他經常在歐洲各國發表演講及參加研討會，並在台北演講及主持研討，介紹歐盟的組織和運作，以及台灣與歐盟經貿合作的需要與前瞻。

家彪曾先後擔任經濟部國際貿易局顧問共20年，參加中美貿易談判及中歐（盟）貿易談判，甚為前後兩任國貿局蕭萬長及江炳坤局長的欣賞與倚重。

1978年12月16日美國宣佈與中華民國斷交，我政府派外交部楊西崑次長前往華盛頓，談判如何維持兩國的實質關係與雙邊貿易的問題。楊次長是一位能力高強、經驗豐富的外交老兵，一生成就中外同欽。但他究竟年事已高，而且此次談判既環境險惡，也關係極為重大。故行政院孫運璿院長就請家彪以私人身份赴美協助楊次長與美國國會人士建立友好聯繫，以制衡國務院的強勢作為。他在美

國作地下工作共65天，於揚次長達成任務返台的第二天，才離開華盛頓，返回原來的工作崗位。

家彪離開海軍後的每項職務其成績表現都突出而輝煌，離開公職後的工作更對國家社會具有莫大的貢獻。因此以前我站在海軍的立場惋惜一位優秀的老夥伴離去軍職或公職是國家的損失，是很不正確的。其實如他這樣第一等戰將，在任何工作崗位上都會發光、發熱、有所作為。據我所知當年國軍人才鼎盛，臥虎藏龍者比比皆是，僅就海軍而言，在英文語文造詣上高手不少，但能與家彪並駕齊驅的不多。一生積有海軍、經貿、外交、觀光、軍購的經歷，而且表現優異對國家多所貢獻的，則更是鳳毛麟角了。家彪由於自己多才多能，勞瘁不辭，又時時不忘博覽群書，不斷進取，故而處處受長官器重，他一生多采多姿又豈是偶然的呢？他的奉獻精神與成就是海軍的光榮，我本人因有他這樣的一位朋友也引以為傲。

前海軍總司令及參謀總長、海軍一級上將

劉和謙

CONTENTS

....

第四輯　海峽兩岸一甲子

第一輯

....

在軍艦上的日子

1
流亡學生

民國34年（1945年）8月15日，日寇宣佈投降，上海市民眾欣喜若狂，都有不能相信抗日戰爭已結束的事實，街頭永遠聚集了眾多市民，互相交換各種消息和傳聞，日本兵也留在軍營中不敢出門。最有趣的是街頭紛紛出現不少標語，有的是三民主義青年團地下活動份子張貼，也有的是共產黨地下活動者所貼，內容縱有不同，但都是歡呼抗日勝利，鼓舞人心的標語，讓久經壓抑和恐懼的上海市民呼吸到自由的空氣，和滿懷對美好未來的企待。

不久美軍軍機空運的國軍先頭部隊抵達上海，進駐各重要機關大廈，年輕衛兵持槍站崗，永遠吸引大批市民及年輕人圍在大廈門口，欣賞從大後方來滬的國軍英姿。同時期美軍人員也陸續到達上海，美軍軍艦也紛紛開入黃浦江，一時間上海街頭多出了一些美國洋人，而且是陸、海、空三軍齊聚上海街頭，特別是美國水兵，頭戴小白帽，身穿緊身的水手裝，既年輕又活潑，更適合上海人的胃口，許多小孩子跟著他們後面嘻笑地叫喚「哈囉」之聲不絕，上海街頭一時洋溢著從未見過的歡愉、幸福和期待的新氣象，如今回想起來仍覺神往不已。

進入9月，舉行過勝利大遊行後，大批國軍及政府人員抵達上海，上海市民也恢復了「天亮了」初期慶祝後的平常生活步驟，開始思考或準備「勝利後」的新的人生。此時我也開始想到未來

的走向，就在九月下旬，看到報上登載教育部招考流亡學生的啟事，我好奇前往教育部駐上海辦事處探詢，接見我的是一位非常和藹的中年人，他向我解釋說，這次招生是針對抗戰時期流落在大後方求學的，如今復員返至各地的中學生，以及從中共控制區跑出來的年輕學子，因此我不適合此條件。失望之餘我向他敘述我家的目前情形：大哥參加抗戰去了大後方，勝利後未有消息，不知他的生死；二哥在蕪湖工作，母親和幼弟寄居在親戚家中，我讀完初中二年級就去工廠當學徒，前途茫茫。這位和氣的教育部中年官員聽完我的敘述後，大為感動和同情，囑我寫一篇自傳寄去，也許能以個案考慮，不久我就接到通知准予參加考試。大概因我年齡較大及中、英文考試成績頗佳的緣故，我不但考取並編入高中二年級，收到通知後，我立刻再去見他表示，我擔心數、理、化跟不上，盼望按步就班去讀初中三年級，他非常嘉許我務實的精神，同意將我改編入初中三年級。離開時他緊握我的手說：「你的前途無量，好好上進」，當時我的眼睛都紅了，生平第一次感到中國文化中的「愛才、惜才」，他是我生命中第一個貴人，永遠不會忘記他的厚愛，改變了我一生的命運。

　　10月初我隨同三十多名的上海流亡學生，搭火車赴南京國立第一臨時中學就讀，這是我第一次離開上海至外縣市，也是生平第一次搭乘火車，一切都是非常新奇，而且是首次接觸鄉村風景，呼吸到新鮮空氣，心中感到無限的幸福與自由，特別是接觸到各地不同口音的年輕學生，更是令人興奮，其中有些高中生因戰亂失學關係都有二十歲了，這些大哥哥們對年幼的學生很是照顧，讓我初嘗團體生活的樂趣，心中產生從未有過的歸屬感和安全感。

我們的校區位於南京市西區，緊靠漢西門城門之內，附近風景幽美，著名的清涼山就在十分鐘步程之內，校門外不遠有蓮魚潭和歸有光的隨園，乃是非常理想的讀書環境。校中一半學生為南京本地走讀學生，一半是各地前來的流亡學生，都是住校，我們上海區的學生住在同一宿舍內，從初中二年級至高中三年級，長幼有序，相互友愛照顧，課餘之暇常一起踢小足球，非常快樂。唯一的問題是在教室內和老師及同學對話，我聽得懂他們，但是他們聽不懂我的上海腔特別重的普通話，尤其是南京本地同學，大概是第一次接觸上海人，故對我特別有興趣，令我感到非常親切。此外，班上也有不少蘇北地區的流亡學生，彼此同病相憐，晚上在教室中晚自習時互相幫助切磋功課，我因英文程度較佳，故常常協助同學加強英文文法課程，因此同學常笑我英文發音比中文發音更標準。

　　當時住校學生是依照軍訓管理，從起床至就寢都依軍號作息，一日三餐都是先在餐廳集合，等候教官發令「開動」，才能開始進餐，早餐是一人一個饅頭及稀飯，中、晚兩餐祇有一盆蔬菜，餐廳沒有凳子，大家一起站立進餐，而且要吃得快，大概十五分鐘左右教官喊「停」時，大家才能魚貫離開餐廳。家信一律檢查，並由教官在午餐時刻，唱名領取信件，那是一個重要的時刻，因為每個同學都在期盼家信，我還記得當年聽到叫我的名字時，心中歡欣的感覺。

　　回憶當年的老師和軍訓教官都是非常嚴肅，他們大半都是從大後方復員返南京工作，顯見八年抗戰的艱苦生活及抗日的精神，養成了他們嚴格要求學生的性格，因此我們都是兢兢業業埋首苦讀，對老師和教官非常服從，校中充滿一片勤奮和朝氣的精神，沒有人埋怨校中生活的艱苦，每個人都對未來有憧憬，有信心。

事實上，自民國16年北閥成功後，國民政府即本著中國儒家的傳統，積極興學，培植建國人才，即使在抗戰最艱辛時期，遷至大後方的公私立著名大學仍以公費收納淪陷區奔往就讀的大學生。此外，還在接近淪陷區的浙江金華及安徽屯溪等地，設立流亡學生的接待站，收納從日寇佔領區前往自由區的大、中學生，俟集合相當的人數後，由專人帶領翻山越嶺，長途跋跚兩三個月才能抵達設在江西、湖南、四川等地的流亡中學就讀，沿途食宿都由當地政府協助解決，此種重視青年教育的政策及年輕人響往自由區的壯舉，在第二次大戰中祇有在中國看得到。

　　這些流亡學生在中學畢業後，均繼續就學，除考取大學繼續享受公費外，有的考入各軍種的軍校或訓練黨政幹部的專校，都能學有專長，為國家所用，充份發揮儒家人本的優良傳統。即使中共建國後，除黨、政、軍幹部外、諸凡有關民生、經濟、醫療方面所需的各級專才，仍需依賴往年國民政府所辦的各大學農、工、理、商、醫科等畢業的專業人才，文革後中國大陸開始經濟重建時期，這批劫後餘生的專業人員都已接近老年，但仍發揮餘熱，繼續在各個崗位上擔任承先啟後的薪火傳承的工作，他們的一生如史詩般的浩壯，為中國歷代所罕見。

　　民國38年政府遷台灣時，山東流亡中學也隨軍來台，繼續在澎湖弦歌不綴，這批流亡學生中後來出了不少名教授、名學者、政府高階官員及軍中將領，因為他們的特徵是苦讀、勤奮和上進，最重要的是他們無家可歸，別無退路，他們是一個特定時代的產物，可以說是空前和絕後。

　　我以曾為流亡學生的一員而自豪，當年我們這一群考入南京國立第一臨時中學的參加海軍的十多位同學中，目前祇有三人尚維持

電話連絡，他們是住在舊金山的黃森寶和高雄的戴庚金，每次他們來台北時，我們都會晤面敘舊，珍惜相聚的機會。

　　民國35年2月，我與南京國立第一臨時中學同學十多人，投筆從戎，考進了海軍赴英學兵大隊，送往上海市虹口區的原日軍兵營，接受海軍初步訓練，並於同年11月搭英國運輸艦〈澳大利亞皇后號〉赴英國接受皇家海軍訓練。

寫於2007年8月

2
英國皇家海軍的一員

　　1946年底從我們踏上了利物浦港的陸地開始，我們七百多個
中國海軍就被視為英國皇家海軍的一員，該時二次大戰才結束一
年餘，英國海外駐軍開始復員，海運及陸運都很繁忙，主要的火
車站都設有軍方的鐵道運輸處（RTO），駐有士官多人及婦女志
願服務隊，在火車站照顧登車、下車或換車的軍人，親切招呼慰
問，並提供熱茶點心。我們坐的是一列專車，專載我們去英國最
大的普利茅斯海軍軍港（Plymouth），列車在中途Bristol大站停車
休息，並由RTO士官及志願服務人員招呼我們下車，進用熱茶和
點心，讓初抵異國的我們，從心中感到一陣暖意，也第一次覺得
作為一員軍人的被尊重，在六十年後的今天回想起來，心中仍有
熱乎乎的感覺。

　　抵達普利茅斯後，我們登上了停在軍港中的戰功輝煌的（H. M.
S. Renown）〈榮譽號〉戰鬥巡洋艦，該艦有三萬噸左右，曾參加
第一次大戰及第二次大戰，現被用作訓練艦，專門訓練中國海軍。
登艦後我們在寬大的住艙中，被分派為二十人左右一班，佔有一張
長桌（英文稱為Mess）及兩條長板凳，平時休息及進餐就在這張長
桌，另每人發一吊舖及毛氈，晚上就掛在長桌上方的掛鈎上睡覺，
因此一班二十人的作息時間都離不開這長桌（Mess）和兩張長凳，
可見英國海軍的儉樸和儘量節省生活空間。此外，我們每一班都派

有一員英國海軍中士班長，及一員先赴英國受訓的中國海軍下士，每天按表授課，開始我們的海軍基本操練。英國班長要求很嚴，但對我們很照顧。

我個人曾在中國、英國及美國海軍先後接受訓練，回想起來深感以英國的訓練最嚴格和最扎實，究竟英國海軍具有悠久的歷史和優良的傳統，，許多規矩及習俗仍繼承納爾遜時代。舉例來說，早晨六點起床廣播器一陣急促的哨音，並喊叫：「快快醒來，……露出你的腿來」（wakie, wakie...... show your legs）。原來，在那個年代，水手們都可攜眷在船上，因此喊叫「露出你的腿來」，是讓催起床的水手長看到無毛的女人腿，就不必翻動其吊舖催其起床了。

英國海軍的入伍訓練一開始就在艦上，更是實在。有時候早晨起來的第一件事，就是撩起褲管，赤著腳在零度左右的冷風中沖洗甲板，每個人都冷到發抖，常有人會抱怨不該參加海軍來受這種洋罪。早餐後八時在前甲板集合聽訓，然後分別由各班長帶開上課，10點左右廣播器「飲茶」時間（tea time），我們進艙回到自己的長桌（mess）喝一杯熱騰騰的奶茶。二十分鐘後再恢復上課，中午午餐後休息至下午一點半，再恢復上課，三點半就下課，又是tea time，還加上厚厚一片果醬土司。四點鐘放假班在後甲板集合，搭乘駁船上岸，但是祇有三分之一的學兵放假，其餘三分之二人得留在船上，大家忙著洗澡、洗衣服、寫家信，打撲克牌，或一堆一堆地聚在一起聊天吹牛，日子過得緊張又輕鬆，大家住在一條船上很熱鬧，一點也不想家。

入伍訓練約有半年，包括船藝、通信、槍炮、輪機等基本常識，一方面從書本上學習，一方面實地在艦上各部門教學，非常具體，也非常有效。此外，還有划船訓練及帆船訓練；划船時十二個

人要聽班長的口令，他叫「躺下」（down）時，每個人都要把槳用力向前划，然後他再叫「起來」（up）。這樣練熟後，照著班長up及down的命令，十二支槳整齊劃一地划，小船就飛快地似箭般向前方射去。但每次划船回港後，全身酸痛外，最難受的是腹部肌肉疼痛，不可咳嗽也不可以笑，否則會疼痛難忍。至於帆船訓練更是辛苦，有一次在港外揚帆而行，忽然風向大變，無法回港，祇得落帆划船頂著風回港，在海浪中划了一個小時才得進港，狠狽非常，當時我發誓此生絕不再上帆船，想不到這次教訓後來救了我一命，此事容後再述。

比較危險的訓練是爬桅桿，登上最高點的瞭望哨（look out）位置，梯階窄小，祇容許半只腳的空間，我們小心一格一格地爬，英國班長在下面大喊叮囑：「不要望下看」，但忍不住看了一下，嚇得發抖。此外，還要訓練掛在船邊用肥皂水洗刷船體，兩人一組坐在長木板上，由船上兩個人操縱兩根繩索，同步慢慢放下或拉上，工作人員都在腰際綁上繩索，也由船上兩個人抓住，以防不測，偶爾港外浪大影響港內水面，大船會左右搖晃，心中更是緊張不已。

關於餐桌服務，每天輪值兩人，不用上課，每餐前廳廣播去廚房領餐，再分菜在盤子內，麵包是配給的，每人分得一片，奶茶是用罐頭煉乳和紅茶沖泡，每人分得一大盎杯。開始時我們每天都挨餓，因為吃慣了三碗飯的緣故，但因肉類和洋芋更富營養，一個月後就習慣了英國伙食。輪值餐桌勤務時，每日早晨除了打掃清洗外，就要注意聽廣播領洋芋，削好後將餐桌號牌放在洋芋桶內，送交廚房。英國海軍每日主餐dinner是午餐，比較豐富，但洋芋是主食，如果忘了領洋芋，全班的午餐少了洋芋，大家就會挨餓，

值勤人員就會挨大家的罵，因為麵包也是配給的，一人祇能分到一片。

我們的入伍基本訓練大約半年左右，然後舉行考試和性向測驗，以及填寫專科志願，依成績和性向分派專科訓練。有趣的是英國班長們發現我們的第一志願大都填「輪機」，關心地表示，不要因為英國氣候寒冷，大家都喜歡溫暖的機艙，到了中國的炎夏時，機艙的高溫像地獄一般令人難熬，其實他們不懂中國學兵的心理，大家想學輪機的主因是，學得一項技術將來離開海軍後，出路比較多，找工作比較容易。

我的第一志願是「魚雷」，而且被選上，於五月初與十多位同學被送去位於泰晤士河出口附近的柴塘（Chatham）軍營的魚雷學校受訓，該處也是海軍軍區司令部的所在地，規矩很多，譬如穿過軍區司令部前的廣場，士兵一律要跑步通過。此外，槍砲學校也在同一軍營內，約有三、四十人的中國海軍在此受訓，很是熱鬧。當時派有一位鄒堅上尉擔任我們的督訓官，及數位早期先遣赴英的上、中士班長，每日隨同我們上課或出操，並協助翻譯。我們的教學班長是繆士嫻上士，他是最早赴英接收伏波艦的一員，其中留下了幾位優秀的種子班長，協助接重慶艦的學兵在各專科學校受訓，對英文程度較差的同學，幫助甚大。至於督訓官鄒堅上尉，在接艦後擔任重慶艦的艦腹中隊隊長，嗣後在台灣晉升至海軍總司令，國防部副參謀總長及駐韓國大使，已於三年前去世。他是一位儒將。

我們在魚雷學校除了學習魚雷及水雷外，尚需學習電工方面技藝，因為英國海軍的傳統是發電機由輪機部門主管外，其餘艦上的電燈、馬達各項電器（屬高壓），及砲火指揮儀器與電話等通訊設

備（低壓）都由魚雷部門管理及修護，因此我們學習電工方面的課程很重，對有些同學很吃力，幸而有繆上士（我們稱他為chief）協助講解，大家獲益不少。

　　他是工科大學生從軍，學術底子很好，對我們很嚴，大家有點怕他，但是英國教官都很器重，叫他小名Jimmy，「重慶艦」接艦後，他升任魚雷中隊軍士長。他在台灣上校退役後在保險公司從經理幹起，後來升為香港美國某保險公司的總經理，退休後一直住在美國，我很懷念他！

　　柴塘受訓約三個月，然後返至「榮譽號」訓練艦，參加艦上的日常工作，但是我們受過專科訓練的士兵都升了一級，成為上等兵（able seaman），我們在上海入伍時為學兵，在英國入伍時，按英國海軍制度為二等兵（ordinary seaman），如今升為上等兵，大家心中都有成就感，苦頭沒有白吃。那時我剛進入18歲，自己覺得已是大人了，而且是具有專長的英國海軍上等兵，因此工作特別努力，特別起勁，開始建立了自信。

　　大概是1947年的9月中，我被挑選為魚雷隊四人先遣部隊之一員，去樸茨茅斯英國第二大軍港在船塢中大修的H. M. S. Aurora巡洋艦，參與修護工作，當時由吳修垣上士帶領我和汪南潛同學、楊建海同學，在魚雷官王顯瓊上尉的指揮下，展開工作。該時艦上很亂，到處是雜物和拆下待運的舊機件，到處是船塢工人，因此我們住在岸上的軍營內。有趣的是我們住宿的大房間佈置像船艙一般，一樣的長桌和二條長板凳，一樣的吊舖，惟不同的是我們生活起居都和英國士兵混在一起，彼此相處至為融洽，英語會話也大有進步。

1948年初，Aurora巡洋艦大修完成了，由船塢移靠碼頭，不久後，重慶艦官兵631名均登艦，留下少許英國海軍軍官及重要士官兵，協助訓練及保養修護工作；另中國海軍官兵167名分發至另一艘小型租借艦「靈甫號」，這是一艘護航驅逐艦。經過一段整理工作後，兩艦實施8週之組合訓練，先是港內操演，繼之是近海巡戈和實彈射擊訓練，魚雷發射與收回，反潛與掃雷演習，及夜間全科綜合操演等，兩艦官兵莫不認真學習與操練。經過8週艱苦訓練後，當時樸茨茅斯軍區司令佛雷賽海軍上將登艦校閱兩艦綜合操演後，親自評定成績為優等，演練課目遂圓滿完成，準備正式接艦回國。

寫於2007年10月12日

1946年春季考進海軍赴英學兵大隊。

3
英國人的人情味

　　第二次世界大戰期間，納粹德國席捲歐洲大陸，除蘇聯以外無一倖免，英倫三島因有英吉利海峽為天然屏障，尚能苟延殘喘，免被德軍佔領；但面對德國強大空軍，天天輪番轟炸，損失重大，幸而弱勢的英國空軍戰鬥機駕駛員英勇迎戰，在英國本土及海峽上空與德軍戰機纏鬥，以一擋十的精神，擊毀無數的德軍轟炸機，擋住了德軍登陸英國的威脅，重傷了德國空軍的元氣。但年輕英勇的戰鬥機飛行員也死傷殆盡，令英國人民感載不已，這就是著名的「不列顛之戰」（Battle of Britain）。邱吉爾首相在一篇哀悼的演講詞中，留下了千古名言：「在人類的歷史上從未發生過，以這麼少的人員，為那麼多的人群，作出了那麼大貢獻的事跡（Never in the field of human conflict was so much owed by so many to so few）。

　　二次大戰爭是在1939年9月1日德軍侵入波蘭開始，英國和法國對德宣戰，英軍迅速進入法國與法軍聯合對抗銳利的德軍，然而德軍的優勢空軍及重型坦克很快就擊潰英法聯軍；接著法國投降，英軍節節敗退至比利時的海港敦扣克集中，準備撤回英國。歷史上記載著，當時英王及全國人民都在家中或前往教堂整夜禱告，英吉利海峽各港口的商輪、漁船及遊艇都應政府號召，自動駛往比利時敦扣克海港，不顧德軍的轟炸，奮勇前往撤退英軍往返無數次，終於將二十萬英軍撤回英國，保住了抵抗德軍侵入英倫的軍力，這是

二戰史上著名的敦扣克之役,當時不但振奮了英國人民的士氣,也增加了被佔領國家人民的希望。最令人感動的是當年報紙及電影院新聞片中,記錄了英國撤退時的井然有序情形以及留下英軍一個師在敦港外圍陣線,英勇抵抗德軍進攻一直至撤退完成,整整一個師的兵力幾乎傷亡殆盡。這段事跡乃是一篇壯麗的史詩,我們在英國一年半時間中,常常會看到當年的新聞片及報紙的追憶文章,給我們留下了深刻的印象。此外,我們的英國海軍班長中也有參加此役者,談起當年的絕處逢生,莫不感嘆說:「這是上帝的旨意。上帝拯救了英國。」

二次大戰期間,英國全國皆兵,家家戶戶都有父兄子弟或丈夫從軍,超過兵役年齡的男子都服自衛役,夜間持槍輪流在海邊崗哨或重要路衝站崗;許多年輕女性都參加婦女輔助隊或農村輔助隊(land army)派往農村中協助缺乏男丁的農家下田耕種。此外,因早期德軍在各大城市濫施轟炸,英國政府為保護幼苗將城市兒童疏散至鄉鎮安全地區,送往寄養家庭或托兒所。因此,英國人對軍人由衷的敬愛和照顧,非任何國家人民可以比擬,他們愛屋及烏對包括中國海軍在內的盟軍亦一視同仁,親切對待。當年全國各地的青年會都改為軍人招待所,每個主要城市都設有設備完全的三軍俱樂部及水手之家等,許多婦女志工參加服務,笑臉迎人,讓離家遊子暫釋鄉愁。

因為戰爭中遭受嚴重破壞,英國在戰後經濟凋敝,大部分糧食仰賴進口,故仍繼續維持嚴格配給制度,衣、食兩項全憑配給券購買,而且是限量配給。我們在英國一年半從未見過鮮奶,只有孩童才有配給,也從未喝過一杯咖啡,因為咖啡是進口奢侈品。水果更是有限,而且價格甚貴,香蕉之類熱帶水果從未見過。

英國配給制度做到了公正嚴明，譬如說每人每星期只能吃到一只雞蛋，從英王以下都是一樣。黑市買賣幾乎絕跡，然而我們仍能在海軍供應站定時定量購得內衣褲及襪子等用品。

我們受訓所在的普利茅斯軍港是英國最大的軍港，公元1588年伊利莎白女王時代，英國艦隊即從普港出發，迎戰當時世界最強大國家西班牙無敵大艦隊，以火攻方式，擊潰了進攻英國的西班牙大艦隊，從此英國海軍即稱霸世界。但是在二次戰大戰中，受到德國空軍密集轟炸，整個城市一半成為廢墟，城中到處殘垣斷壁，英國政府在戰後二年中尚無力重建或整修，可見損失之慘重。市中心一邊是三軍俱樂部及皇家電影院，對面是一排小酒吧，路中間是公車總站。穿過三條街，左轉大路上，右邊是青年會，左邊有一家演雜耍及歌唱的戲院和碰碰車的遊樂場，以及一家啤酒屋，另外在海濱有一公園。因此我們放假只有此三處可以走走而已，城中行人稀少，星期假日則滿街都是各國水兵，除英國水兵外，尚有中國、荷蘭、挪威、希臘及土耳其等國水兵，他們也都是在此訓練和接受贈艦，其中以中國水兵人數最多。

我們輪班放假時，上岸第一件大事是到三軍俱樂部大吃一頓，因為該處供應自助餐，食物非常豐盛，尤其是西式甜食為中國水兵最愛，常常取用二份，讓女侍們搖頭而笑，她們不知道西式甜食在中國是奢侈品，其次我們愛看電影，但酒吧中很少看到中國水兵，因為我們絕大部份人從未飲過酒，也不會喝酒，所以普市街頭從未見過酩酊大醉酒的中國水兵，這一點也贏得英國人的好感。

英國軍中福利甚佳，每年有三次長假期，每次約7～10天，計有四月份的復活節，七、八月份的暑假及聖誕節假期，分兩班輪流，第一次假期由艦上分配至各名勝地區，並派有英國班長分別帶

領乗火車前往預訂的各地宿處，並約定於假期結束後就在火車站會面返艦，考慮非常週到，來回火車票都是免費提供，住宿大都安排在青年會或軍人招待所，每天宿費只要一個半仙令，大概是半張電影票的價格。至於以後的假期可自由申請目的地了，大家都是三、五成群結伴而行。

　　我們第一次長假是在1947年的四月中，我與另外五名同學被送往英國南部海濱渡假勝地波恩茅斯（Bournemouth），住在青年會，當年正值戰後經濟蕭條時期，渡假英人不多，海濱沙灘尚殘留戰時所置的鐵絲網等防止登陸的障礙物。由於波城第一次有中國水兵光臨，很快就有記者前來訪問，並蒙市長在市政廳接見照相留念，次日報上登載我們與市長的合影，及描述中國海軍在英國受訓及接受贈艦的消息，我們六個中國水兵在街上及海濱受到當地市民及遊客的友好寒喧和微笑招呼，備感溫馨。當年我們六個同學中，除我之外，尚有黃森寶現住在舊金山，孫國楨在大連，我們常有

1947年夏天筆者（左方）與黃森寶同學在倫敦動物園合影。

電話連絡，並約定明年五月間在上海再相聚，參加〈重慶〉、〈靈甫〉兩艦接艦歸國60週年慶祝大會，其餘三位已失去連絡。

更有趣的是，第一次長假回艦以後，我發現廁所如廁有人將頭頂在牆壁上久久不離開，狀甚痛苦。另外在〈榮譽號〉的診療所外也排了長隊，一個個愁眉苦臉，我忍不住問排隊中同一班的班友生了什麼病，他不耐煩地叫我走開道：「你們小孩子懂什麼！」，後來我才知道他們在外風流被傳染了性病。實際上，他們大部份並未嫖妓，因為英國戰時遭受大轟炸，許多家庭失去親人，父母雙亡，年輕男人都被徵兵，年輕女子流離失所，大半都在工廠工作或擔任店員，所以在男女關係上較為隨便，因而會得性病，此乃戰爭遺留的悲劇。另外一個重要原因是英國從古代即以海軍立國，人民特別愛護及喜歡海軍人員，而中國水兵在普港以外地區很少見到，況且中國水兵都是大、中學生從軍，年紀都在二十歲上下，顯得青澀；而英國軍隊在二次大戰中犧牲慘重，戰後大部份軍隊仍駐在德國及日本，尚未完全復員，社會呈女多男少的現象，當年中國水兵在英國大城市容易交到女友是極自然之事。

我自1980年參加對歐經貿推廣工作十三年中，曾訪問英國七、八次，接觸面擴及經貿官員，國會議員以及工商界人士，對於英國人有更深入的認識。一般人認為英國人驕傲、冷漠、勢利及階級觀念甚重，我則感覺這些形容詞只適合從前英國上層社會，一般英國人民很是友善，種族岐視遠低於美國社會。事實上階級觀念自戰後迄今幾乎消失，隨著殖民地的消失，和兩次世界大戰的洗禮，英國社會的中堅分子已是中產階級，無論是文化、經濟、人民教育和生活水平仍領先歐洲諸國，特別是放寬移民方面，目前有數百萬的南亞和非洲前殖民地的移民已在英國定居和歸化。

但是英國人士重視禮貌，自女王以下的高官、貴族和富商，對低層人士及僕役都很尊重，「謝謝您（thank you）」已是習慣語，絕無盛氣凌人，頤氣指使的行為，因為英國人固然有階級意識，但均認為人生來平等，必須尊重他人。持平而論，英國人自視較高，對人矜持，聽慣了美國式快速英語，聽英國人緩慢而抑揚頓銼的正統英語，反而覺得有點裝腔作勢，這是大勢所趨。目前英國人口只有六千萬，而美國則已超過三億。儘管如此，英國在國際事務上的影響力仍超過除俄國以外其他歐洲國家，可以說薑還是老的辣！

最後必須提的是，我們海峽兩岸當年在英國皇家海軍受訓並接艦返國的同學，每次在上海聚會的時候，都會懷念在英國無憂無慮的水兵生涯，咸認那是我們一生中最快樂的時光。

啊！多麼美好的回憶，當年二十歲上下的年輕水兵，如今都是八十歲上下的白髮老翁了。

寫於2007年10月

1947年4月在英國皇家海軍受訓，第一次放長假在英國南部旅遊勝地Bournemouth度假（前排中為筆者）。

4
英國皇家海軍的傳統

公元1589年英國女皇伊莉莎白一世統治英國已近30年，此時西班牙國王飛利浦二世仗著羅馬教廷宗教大審判之勢，並擁有一支無敵大艦隊，一心想擊敗伊麗莎白一世統治下基督教的英國。伊莉莎白一世為了捍衛英國，不惜與勢力強大的西班牙展開大戰，弱勢的英國艦隊以火攻方式，衝進西班牙無敵大艦隊，同歸於盡，從此建立了英國的海上霸權。公元1805年10月21日，英國海軍名將納爾遜在著名的特拉法加（Trafalgar）海戰中擊潰了西班牙和法國的聯合艦隊，以寡取眾，開啟了英國海軍獨霸全球的時代與海外殖民地的擴張，奠定了Pax Britannica（大英帝國盛世）。英國人民性格保守，重視傳統，因此皇家海軍繼承了納爾遜時代的傳統，嚴格選拔及訓練海軍官兵。我記得於1947年底派赴英國皇家海軍受訓時，先在普利茅斯（Plymouth）軍港的戰鬥巡洋艦〈榮譽號〉（H.M.S. Renown）接受水兵基礎訓練六個月，然後選派至倫敦東南方的柴塘（Chatham）魚雷學校接受三個月的專科訓練，然後調派至在船塢中修理的重慶艦（原名H.M.S. Aurora）參加整修工作，雖然住在岸上宿舍，但夜間睡覺仍使用吊舖，一切生活起居依照艦上作息方法，大致仍與納爾遜時代相似。迄今納爾遜的旗艦H.M.S. Victory仍繫泊在樸茨茅斯軍港碼頭，供民眾參觀，納爾遜將軍在甲板上中彈

之處也圈定註明，他最後傷重不治的住艙與床舖也保存原樣，我曾去參觀兩次，每次都令我震撼與肅然起敬。

因此，英國人民非常尊敬海軍官兵，將海軍置於三軍中的首位。二次大戰後英國將剩餘軍艦贈與盟邦，當年在普利茅斯軍港受訓的盟邦海軍計有中國、荷蘭、丹麥、挪威等國海軍。但以中國海軍七百多人為最眾，我們的薪餉及配給香煙和糖果都與英國水兵相同，三軍俱樂部和水手之家等，接待我們視同接待英國水兵，我們的服裝和水兵帽亦和他們一樣，只是帽子上的標誌為「中華民國海軍」。當年中華民國是世界五強之一（中、美、英、法、蘇），因此在一年三次放長假時，中國海軍在英倫三島旅遊時，深受英國人民的笑臉歡迎。

英國海軍的志願兵都是十六、七歲就參加海軍，如果教育程度較差，大都被派任帆纜兵，幹些甲板上的粗活，作戰時擔任砲彈搬運手，隨著年資增長，最高升至中士班長，我們在〈榮譽號〉受訓時的英國班長都是中士，許多位班長還曾參加過第一次大戰，他們中很多人因英國為日不落帝國，長年隨軍艦在世界各地漂泊的緣故，終其一生未曾結婚成家，我們的班長就是獨身。他告訴我們說，許多中士班長在五十多歲以後必須退役時，大半都進入養老院，因此，離艦時在官兵的歡送下，都忍不住老淚縱橫地不捨離開。我們班的班長對我們很嚴格，但是我們同學都感覺到他似父兄般教導我們，另有一種親切感，他是我們水兵生涯中真正的啟蒙老師。英國皇家海軍的軍官和水兵都會經常調動，但這批皇家海軍的骨幹，中士帆纜班長則大多是在一艘軍艦上幹了一、二十年，真正是以艦為家了。

英國海軍中教育程度具有高中程度的水兵，有機會在上等兵與下士的階段，被派至各專科學校接受半年至一年的專科教育，隨著年資可升至上士。我在魚雷學校受訓時，執教的教員絕大部分是上、中士，上課不久後，我們終於明白，這些執掌教鞭的上、中士各個是菁英，在英國海軍中從下士升到中士，歷程很艱難，有幸升為中士，乃海軍生涯中的一件大事，因為從此就脫下水兵服，穿上打領帶的士官服，水兵帽也改為有帽沿的士官帽，生活待遇也大為提高。我在重慶艦仍在船塢中大修時，作為先遣人員在艦上參與整修工作，其中有一位英國下士非常能幹和友好，後來得知，他早已是魚雷上士，但某次喝醉酒打架，被降為下士，可見英國海軍軍紀之嚴。

最後，我要再提一下中國海軍在英國受訓時停留時間最久的普利茅斯軍港，普港是英國主要軍港之一，同時也是新海軍的訓練基地，這裡更有著輝煌的海軍歷史。十六世紀時英國海軍名將杜瑞克（Drake）曾以火攻大敗當時世界海上霸王西班牙〈無敵大艦隊〉於

該港口外海，從此奠定了英國稱雄海上的根基。此外，英國第一次在美洲發現新大陸的英船，就是從普港出的。今日美國東北部的新英格蘭（New England）即因英格蘭而得名的，而當年在美國東北部登陸地點亦定名為普利茅斯。

寫於2007年10月

5
接艦歸國

　　1948年5月19日舉行重慶號與靈甫號兩艦交接典禮，由我國駐英大使鄭天錫博士親臨主持，先後校閱中、英兩國海軍儀隊，並由重慶艦軍樂隊演奏兩國國歌，先將英國國旗降下，再徐徐升上我國國旗，典禮在莊嚴隆重氣氛下完成，兩艦旋於5月26日啟航返國。

　　兩艦離開英國後，即航向直布羅陀海峽，首站停泊英屬直布羅陀港，稍事休息3日，官兵除參觀了連接地中海與大西洋之直布羅陀海峽及要塞外，並登岸遊覽，經特別安排，我官兵可穿便服進入臨近西班牙小城內遊覽，我們有機會看到著名的西班牙鬥牛場面。當年西班牙是在佛朗哥獨裁控制之下，民生凋敝，軍人特多，除軍官穿著呢軍服及足穿馬靴外，士兵的草綠色布軍服，破舊有如中國士兵的穿著，而且一個個都無精打彩。

　　離開直布羅陀港後，兩艦即進入地中海，一周後抵達英屬馬爾他地港口，兩艦在港內錨泊後，不久，當地英海軍司令部的參謀長，亦即為昔日〈榮譽號〉艦長威爾遜上校，特乘座艦前來歡迎，官兵眼見老艦長異地相逢，倍感親切。官兵分批登岸觀賞全島景色，莫不歡欣不已。兩天後，隨即駛離馬爾他港，直駛蘇伊士運河口的賽得港稍事休息，進入紅海後，風浪甚大，包括我在內的大部份士兵開始暈船和嘔吐，但都能苦撐著堅定工作及值班。兩艦在紅海出口處的亞丁港停泊後，即進入印度洋，不久途中遭遇風暴，海

浪之凶湧，在甲板上行走必須小心，否則會被海浪捲入海中中，此時艦上官兵除值更外，大部份人員都暈船躺下。

數天後抵達可倫坡，即現今斯利蘭卡共和國之首都，因當時尚未獨立，屬英國保護，故早已安排入港維修與休假。官兵分班登岸遊覽此一佛教勝地，附近有一世界著名大公園，園內有佛祖舍利子五塔，天然景色優美，官兵經此休閒活動後，已忘掉海上多日的辛勞。駛離科倫坡港後，兩艦繼續航向馬六甲海峽，不久即駛抵新加坡港口停泊，遠眺港內碼頭上已聚集數以千計的僑胞搖旗歡迎，四周的小火輪也拉響汽笛，一時場面頗為壯觀，繼之官方與華僑代表登艦向艦長獻花，岸上僑界亦準備盛大歡迎宴會，我官兵登岸時所到之處，都張燈結彩，鳴放鞭炮相迎。兩艦開放參觀之日，僑胞扶老攜幼依序登艦，無不先用手敲摸艦上甲板及砲塔，以確認「船堅砲利」之後，莫不高興不已，接連三天，當地僑胞紛紛舉辦公私宴會，并駕車接送官兵導遊各名勝地區，令官兵均有賓至如歸的感受。重慶艦在訪問各港埠中，以新加坡最為高潮，其場面的熱烈與華僑愛國的情操，令兩艦官兵，在垂垂老矣的今日，偶爾在海峽兩岸同學聚會時，仍津津樂道及回味不已也！

兩艦於1948年7月28日抵達香港，當即錨泊於內港中，官方及香港社團代表相繼登艦歡迎，并贈送大批水果與飲料，惟因當時內戰方興未艾，香港環境複雜，歡迎場面不如新加坡那般熱烈。

1948年8月13日駛抵吳淞口，兩艦返國航程總計7,614海浬，歷經80天方抵上海；至此，赴英接艦任務完成。兩艦於當天從吳淞口進入長江，并於8月14日抵達南京泊於下關水域。當我們第一次踏上下關碼頭時，都有學成歸國的興奮和回家的感覺。有趣的是南京人首次看到中國海軍穿了英國水兵的短褲制服，腳登皮靴，並穿了厚厚

的深藍羊毛長襪，感到希奇的不得了，孩子們跟著和我們嘻笑，路人們則停立圍觀，或與我們閒聊，讓我們覺得十足的像個洋水兵，尤其是他們會問，你們在大熱天穿著羊毛長襪熱不熱？

8月底重慶艦離開南京駛抵上海，在黃浦江畔錨泊，并開放參觀，我穿了水兵服突然回家，帶給母親無限的驚喜，我遵母囑赴長輩家一一拜謁問候，大家都高興地說我長大成人了。我也覺得是大人了，因為我們在英國接艦後，全體士兵都晉升一級，我升為魚雷下士，返國後不久，又有少部份專業士兵因準備接艦工作有功，再晉升一級，我有幸屬其中的一員，又升為魚雷中士，那年我是19歲，算算參加海軍才二年半，卻從學兵一路上升為二等兵、上等兵、下士以至中士，可以說一帆風順，快速晉升。

九月中海軍總部通知重慶艦可以保送八名士兵參加剛在全國十個地區招考的海軍官校41年班（1952）學生就讀，我考取了榜末第八名，並於十月初赴青島進入海軍官校，支上士薪餉，因此我在海軍中士兵資歷完整，頗引以為傲。

寫於2008年10月

6
海軍軍官學校

　　1948年10月初，我們重慶艦考取海軍官校同學八人，搭乘商輪從上海啟程，抵達青島向學校報到，該時41班新生已經入伍三週，編為學生總隊第三大隊。現在想起來還很有趣，我們已經在上海學兵大隊入伍訓練一次，在英國又入伍第二次，豈料短短兩年半時間內，我們又要接受入伍訓練第三次；而且此次完全不同，是陸軍式的入伍訓練，學生一律穿陸軍棉軍服及打綁腿，隊長多是陸軍軍官，我們動作稍遲或不對，即遭斥責。最糟糕的是我們已經習慣於英軍操法，一不小心就露出破綻，讓操練隊長看不順眼。

　　入伍生照例無星期假日，一直至12月中入伍結束後，始可外出，去青島市區遊逛。但該時山東煙台及各地難民湧入青島，局面混亂，濟南市也已失守，共軍已接近青島外圍縣市，情況緊急，故在1949年元月中，海軍官校教職員學生七百多人，搭乘兩艘中字號登陸艦，撤離青島，遷往廈門，學校中的一桌一椅及牀舖都由全體學生搬運，並固定在甲板上，坦克艙則擠滿了官校38年班，39年班，40年班及我們41年班六百多個學生，一片逃難景像，大家心中都很沉重。

　　抵達廈門，官校暫時借住復華小學，雖然住宿擁擠，但立時繼續上課，教授都來自廈門大學，一年級的課程除國、英文外，其餘是微積分，大學物理等數理課程，我感到非常吃重，當時教科書

都用美國海官校的原版書，對一般同學也很吃力，因此常有同學找我協助解釋比較艱深的英文段落。雖然在逃難之中，但大家都勤奮專心唸書，然而戰爭腳步越來越接近，共軍渡江後，京、滬、等地相繼失守，官校亦於九月中再度撤退至台灣左營海軍基地，非常狼狽。校址原是日軍兵營，當時並無教室及餐廳，所以初時在木造營房內，走廊左邊是教室，右邊是寢室，中間走廊放置餐桌，學生祇能站立進餐，但很快就恢復上課，教授都為當時的台南工學院（現為國立成功大學）教授。

1949年秋季我們在左營結束了歷經青島、廈門及台灣三地就讀的一學年課程，我的微積分及球面三角不及格，必須補考，當時學校規定一門主科及一門副科不及格就要退學，因此心中有點緊張擔憂。但補考時收到考卷，幾個補考同學不禁相視而笑，因為試卷容易之至，原來當時教這兩門的趙良五教授和祝楣教授，都是山東大學在官校兼課的教授，他們隨校與我們一起撤退至廈門和台灣，與我們有患難與共的師生關係，深怕我們補考不及格而遭退學，無家可歸而流落異鄉，此種深情厚誼及關懷後進，突顯了中華文化光輝的一面。

第二學年開始，課程的一半是海軍航海及輪機等專業科目，一半理工課程。此外，還要繼續第一學年國、英文課程，再讀一年，可見功課的繁重，惟此時我已大致趕上進度，不再擔心補考問題。第三學年以後，除直流和交流電機外，全是海軍專科，我已漸入佳境，應付裕如。官校畢業時，我悲喜交集，此情此景，猶歷歷在目，因為從13歲開始我就進入社會，歷經10年的努力，我終於有了一個正式學歷，並獲任為海軍少尉。

畢業典禮的那一天，先總統蔣公蒞校主持，並親自一一點名、訓話，他老人家一口奉化官話，一開口就稱我們為「中華民國國民革命軍的子弟們」，令我們如沐春風。1958年八二三金門砲戰期間，陸、海、空軍協同作戰，在台灣軍校畢業的軍官都是尉級軍官，佈滿基層，經歷了人類戰爭史上最猛烈的炮火和最長時間的砲戰，令全球矚目。這批1949～1957年畢業的三軍軍官，經歷了戰火洗禮，不斷成長茁壯，奠定了保衛大台灣的強國軍力基礎。基本上，自1958年金門砲戰以後，除了1965年發生的八六海戰外，台灣海峽再無重大軍事衝突，從此海峽兩岸在一中各表的定位上，得以由軍事對抗逐漸轉為長期和平的制度競爭。

　　回顧當年在校中四載清苦而勤讀的學生時光，不勝感慨，更不勝感恩，當然也有遺憾。感慨的是，在當年台灣六百萬人口。突

1950年筆者（左方）在左營海軍軍官學校。

然增加60萬潰敗的國軍及100萬自大陸各省撤退來台的公教人員和眷屬，以及逃離大陸沿海都市的中產階級。因此，物資非常匱乏，生活非常艱難，而在軍中生活更苦，由於長期營養不良，體質較差者，及不適應亞熱帶台灣南部的炎夏高溫，輕者嚴重缺乏維他命B群，重者得肺結核，再加上當時海軍中的白色恐怖，每個同學都有危機感，可以用「戰戰兢兢」來形容我們當年的心情和生活經歷。

感恩的是，當年歷任校長、各級隊職官，海軍兵科教官及兼課教授都對我們這批無親人在台的官校學生，愛護照顧猶如自家子弟，令我們點滴在心，永遠難忘。遺憾的是校中一部分政工人員，多疑猜忌，雖然監控學生的思想行為是其職責，但常超越善良人性應存有的一點憐憫，任意冤屈意見較多或受家信所連累的同學，送去黑牢監禁審問，令人痛心。

寫於2008年10月

7
初出茅廬

　　海軍官校畢業後我分配至中型登陸艦〈美宏艦〉擔任槍砲員，一起赴任的是同班同學王懷中輪機員及董得福侯補員，不久奉命駐防金門，擔任海上運補任務，定時往返於澎湖、金門之間。台灣海峽冬季的風浪是出名的猛烈，美字號屬小型艦，在七級風的洶湧浪濤中，左右搖晃的角度很大，讓初出茅廬的我值更時站在位於右舷的駕駛台上，害怕船傾向右邊接近海面時，左轉不回來，有時船頭迎上大浪，翹升很高，破浪而出時，則艦首又掉進大浪中不見了，真是驚險萬分。有一次航程中，裝載金門駐軍採購的豬隻，安置並圈在露天坦克艙的後方，遇到大風浪時，豬群在甲板上滾來滾去，哀嚎不已，令人不忍卒聽。

　　當年金門乃一荒涼島嶼，寸草不生，居民稀少，市內也只有幾條街道而已，故一眼望去只是一片黃土，及穿草綠色軍服的軍人，主要公路尚未鋪上柏油，軍車駛過，一陣黃土撲身。從水頭碼頭去市區，並無公車，僅有騾子作交通工具，兩人坐在騾子兩側，一路上由趕騾人吆喝至市區，此期間還曾發生一件糗事，我與王懷中同學去逛金門市區，僱得一匹騾子代步，趕騾人交待乘客兩人必須同時喊一、二、三跳起，坐上兩側掛袋，結果我倆動作不一致，未能同時坐穩，因此我掉跌在黃土地上，又笑又痛。

1953年陰曆大年初一，我們奉命載運金門突擊隊去閩海的湄州半島登陸，蒐集軍事情報，當時該島僅有民兵駐守，已聞風撤至內陸，剩下當地貧苦漁民，我艦在灘頭上停留了幾個小時，等待突擊隊全部返艦後撤離灘頭，回航金門。有趣的是兩岸開放旅遊後，因台灣民眾最敬拜的媽祖本尊就在湄州島，因此台灣善男信女紛紛前往湄州朝聖，並巨額奉獻香油錢，重新整修媽祖廟，從90年代開始，原來荒涼的湄州島竟被建設為觀光勝地，可見宗教力量之大。更精彩的是兩岸不能直航，但某一年媽祖的重要紀念慶典，台灣漁船群罔顧政府的禁令，大批集結直航湄州進香，電視上看到數十艘漁船浩浩蕩蕩直接由台灣漁港直航湄州島，令人感到振奮和不可思議。

　　二次大戰時，美軍為了登陸歐洲及日本，建造了千百艘各型登陸艦艇，載運美軍及盟軍渡海登陸作戰，因其任務的短期性，故此等艦船的生活空間狹窄，官兵住宿環境擁擠，美字號艦官兵住艙是在水線以下，故無舷窗，僅靠通風機通風及電扇驅熱，因此許多長時期在美字號登陸艦服役的士兵，到了中年都得了風濕症，影響健康至鉅，並嚴重損及晚年生活品質，此乃戰爭遺留下來的悲劇。

　　艦上士兵籍貫大半屬沿海省份的山東、廣東及福建省，因此南腔北調很是熱鬧，艦上的理髮兵和伙夫等雜役兵都是山東沿海隨軍撤退的年輕人，在艦上補了缺穿起水兵服，他們的手藝就可想而知了。洗衣兵是一個講話斯文靦覥的山東中年大胖子，我在艦上三個月後發現他從未來收過洗衣費用，問及先來的高班同學，始知洗衣兵原是渤海中長山八島的一位村長，全家隨海軍撤退來台，他遂補得一個雜役兵的缺，因此他老兄非常守禮，不主動向軍官收取洗衣費，而是大家在月底主動和他結算，他才不好意思地奉上洗軍服及

內衣的結算清單，帳目清楚，字跡端正。後來聽說他的子女都用功讀書，很有成就，對父母也很至孝。回顧往事，我敬佩當年海軍艦長們的愛心和魄力，在撤退時儘量容納逃離老家的難民，使他們才能在台灣堅苦奮鬥重建家園，造福他們的後代，也為國家社會培養了不少頂尖的人才。

1953年夏天〈美宏艦〉繫靠在左營軍區小港碼頭，因「貝絲」強烈颱風來襲，艦上停止放假，全艦官兵保持警戒，並強固纜繩；當颱風越來越大時，繫靠的艦艇開始感受到強風和潮湧的衝擊，互相碰撞，我們全艦官兵在半夜裡就緊急進出港部署，發動主機備用。「貝絲」颱風是我們來台後遇見最強烈的颱風，颱風中心就在左營港和高雄港上空通過，俱橫掃千軍之姿，不幸繫艦的纜繩繃斷，〈美宏艦〉就像醉漢一般，在小港內東衝西撞，並撞傷數艘小型艦艇，時至五十多年後的今日，我還能憶及當時被撞擊艦艇上的官兵，對我們搖手大喊的驚恐眼光，最後艦長終於能在狂風中將艦駛出小港，在大港出口處附近撞上淺灘擱淺，以挽救軍艦在港外被狂風大浪衝擊而沉沒。

記得軍艦在左營西碼頭整修，我去台北時，搭乘火車普通車需十三小時之久，當時另有平等號快車，只需八小時，然而快車須自購車票，來回票價約等於少尉薪餉的三分之二，可見當年軍人生活的清苦。因此我們都是憑艦上所發的差假證，去軍區司令部領得來回慢車票，並於清晨五點出發步行一小時始抵左營火車站搭六點十分的班車，逢站必停，至晚上七時始抵台北，如今搭乘高鐵從左營到台北僅90分鐘而已。

但是當年台灣的窮困和勤奮在列車上一覽無遺，留下至為深刻的印象，車行約三十分鐘，抵達空軍基地之岡山車站，一群穿著黃

舊制服的男女中學生魚貫上車，站著或坐著背讀教科書，一小時後抵達台南站，再魚貫下車去市區著名的台南一中或台南女中就讀。他們的特徵是男生一律平頭，女生長髮不超過耳際，在車上不嬉鬧也不喧嘩，只是安靜地看書，他們大半是軍人子弟，生活清苦，惟一的希望是勤讀出頭，考入名大學，獲取獎學金留美攻讀博士，成為科學家、工程師或教授。曾任台大校長及國防部長的孫震，曾任財政部長及新黨主席，並曾經在大陸辦學的王建煊監察院長，以及新銳政治和社會評論家龍應台女士都是其中的一員。當然他們中間也有許多人繼承父志，考入軍校，出了不少名將，出任各軍種的總司令以及晉升為四星上將的參謀總長。所謂「江山代有人才出」，但這一代隨父兄流亡至台灣的軍公教人員的子女，特別有出息，他們見證了當年台灣的崛起和成長。

　　1953年冬天，我考取了留美兩棲作戰訓練，途經日本赴美國海軍設在加州南部聖地牙哥的兩棲訓練基地接受訓練，開始了我在海軍傳統中主要在艦上服務的另外一種生涯，因而改變了我一生的命運。

寫於2008年10月

8
美國受訓

　　1950年6月韓戰爆發後，美國杜魯門總統宣佈美國海軍第七艦隊，進駐台灣海峽協防台灣，並恢復軍事與經濟援助，一反一年前發表的中國白皮書，指責國民政府應為失去中國大陸負責，並停止一切軍、經美援的絕情論調，突顯國際政治的現實和權謀。此外，派遣美軍顧問團來台，協助訓練及裝備國軍，並遴選三軍軍官赴美受訓，學習各項美式武器、裝備及美軍的戰術和教戰守則，較新的空軍戰機和軍艦亦陸續贈交國軍，在軍中興起了一股準備留美考試熱，大家都在苦讀英語，我很幸運考取了留美的兩棲作戰科。

　　因為兩棲作戰是陸、海、空軍聯合作戰，我們是第二批學員，計有海軍校官兩人、海軍陸戰隊校官兩人、空軍校官兩人及陸軍校官兩人、海軍尉官七人、共計十五人。當年台灣幾乎已與世界隔絕，只有英國商輪維持香港與台灣的定期班輪，輸運兩地的旅客及貨物，因此台北只有一個簡陋的軍用機場，停機坪入口只有一個像小火車站的木柵欄，故我們搭乘美軍運輸機飛琉球轉往東京時，送別親友都進入停機坪登機梯子旁與我們揮別。

　　我們這批十五人的留美軍官團，於1953年12月中，乘美軍專機先在琉球停留數小時後，續飛東京，並住在東京專門接待美軍軍官的旅館數日，暢遊東京及近郊，當時因受惠於韓戰美軍帶來的商機，日本經濟與工業開始復甦，東京市容已逐漸恢復舊貌，但市區

偏僻之地仍見斷垣殘壁，尚未修復。我於抗戰期住在淪陷區上海，曾經領教過日軍的強橫和兇暴，如今見到日本人對美軍與盟軍的恭敬和順服態度，深感日本人性格中的兩極化特性，困惑不已。

在日本停留數天後，我們在橫濱港口登上美國商輪改裝之美軍運輸艦〈愛德華將軍號〉，該艦滿載調防返國的美軍軍官士兵與眷屬，一日三餐在官廳內分三批進餐，由黑人或菲籍侍者在旁恭敬侍候，讓我們初嚐軍官禮遇的滋味，而美軍軍官在船上整日服裝端正，在甲板上散步，看書及閒談，優雅而彬彬有禮，一反我們在台灣見到的美軍顧問的倨傲和粗暴的印象，如今回顧當年情景，又豈是「感慨」兩字所能表達。

船速甚快，十多天就橫渡太平洋，抵達舊金山，這是我第一次登上美國土地，停留數天期間，我和同班同學曲衍枡及丁辰生同學，搭公車前往聞名的金門公園（Golden Park）遊覽，豈料此公園廣濶無比，公園中有公路貫通，美國遊客均駕車來遊，我們在園中逛了數個小時，找不到出口，最後經一路詢問，始循公路步行出得公園，此時已萬家燈火，讓我們這批中國洋人，到美國後上了第一課。

抵達聖地牙哥兩棲基地後，與第一批赴美同學會合，其中佼佼者36年班劉和謙學長，後來在海軍中歷練晉升為總司令，嗣後再出任國防部參謀總長。留美時期劉學長官階海軍上尉，年輕英俊，儒雅有禮，當時該基地司令官在一次酒會中，對著一群從少中尉至中上校的中國三軍軍官學員說道：「劉上尉將來一定會升至將軍」，實際上劉學長目前仍是海軍四星上將（四星上將乃終身職）。後來我以海軍上校退役轉任公務員，偶有機會遇見劉學長，他會緊握我的手說：「你離開海軍太可惜了。」

還有一段插曲非常有趣，我於1975年擔任駐美大使館一等秘書時，陪同一批民主黨自由派重量級參議員的首席助理訪問台灣，得到隆重接待及禮遇，巧的是我們參觀海軍陸戰隊的蛙人操時，陸戰隊司令黃光洛中將親自接待，並對美國訪客說我倆是1954年在聖地牙哥海軍兩棲基地受訓時的老同學，他是少校，我是少尉，讓這些國會助理對我另眼相看。嗣後在國防部訪問時，當時參謀總長賴名湯上將非常重視這批訪客，親自在國防部會議室主持簡報及座談，會議長桌左邊是聯合參謀本部五位參謀次長及各局局長，右邊是訪問團外賓，當時劉和謙學長已是海軍中將計劃參謀次長，坐在我們對面，揮手微笑向我打招呼。會議結束後他在會議室門口與我握手敘舊一番，因此，甘乃迺參議員助理EddyMartin向大家宣稱：「C.P.一定是中國CIA（美國中央情報局）派在台灣駐美大使館，擔任滲透美國國會的agent（特工人員），我當時得意笑道：「我是CIA在台的臥底人員，專門調查美國佬在台灣的言行，包括你們這批訪客在內。」大家一陣哄笑，回旅館喝酒去了。

此後，我與這批民主黨自由派人士，結成好友，無話不談，卡特當選總統後，這批友人紛紛轉入白宮、國務院及國防部擔任重要職務。

1979年甘乃迪參議員宣佈競選2000年的總統大選，其時我已退休在企業界服務，競選總部總幹事Ed Martin老兄居然邀我去甘乃迪競選總部擔任公共關係工作，此事如今僅有當年外交部錢復次長及北美司章孝嚴科長知之，此乃後話。

現在再回歸正題續寫美國兩棲訓練經歷，開始受訓時，我們全體參加兩棲作戰基本課程兩週及兩棲作戰計劃作業兩週與美國三軍校官一起上課，其實中國軍官除八位校官外，尚有海軍中尉兩員，

少尉五員，令美國教官與同學側目相視；其實道理很間單，對台灣海軍而言，兩棲作戰訓練是全新的科目，一切重初學起，無資深淺之別，再有就是中國文化中的考試制度，相對而言是非常公平和公開的，因此兩棲留美考試，校、尉官一律憑成績錄取。

分科訓練時，我和40年班佘時俊同學接受各型登陸小艇駕駛及搶灘、救難等訓練，早上八時出港操作，中午搶灘在灘頭午餐，下午繼續操作至四時才能回港，備極辛勞。當時由一位美海軍上士或中士班長教導，如遇風浪大時，湧上沙灘的激浪很高，我們因新手常被打橫衝上沙灘退不下來，此時即由一直陪我們在海面待命的救難艇前來拖救。有時風浪很大，拖不下來，即由岸上待命的救難車架，駛入激浪兇湧的沙灘，用巨型吊車將登陸小艇吊起來再駛上灘頭，救我們出險。回想當年為了訓練我們兩個中國海軍少尉，美國海軍必須出動全套海上和岸上的救難設備，和七、八位海軍人員，外加救護車一輛待命，這種認真的態度和氣魄，令我們衷心敬服，也拼命學習。

記得當時在風浪中搶灘，驚險萬分，教練班長也會在緊要關頭大聲對我們吼叫，必要時會將我們推至一旁搶抓駕駛盤親自操作，以離險境，後來我們在左營海軍軍港外海，訓練中國海軍登陸小艇搶灘時，也會緊張忘形地對受訓官兵大喊大吼。當年整個登陸小艇大隊成立之初，自中隊長，分隊長以下的官兵都是由我和佘同學親手訓練出來，該時我們倆人都是海軍中尉，正當意氣風發的年代，今日隨手寫來驚覺已是54年之前的往事矣，感謝上帝的恩典！

受訓期竟發生了一件今人極為傷痛的悲劇，41年班同班同學丁辰生於軍港內溺斃。那是一個星期日的下午，我留在宿舍內寫情書，丁生辰同學與一位美國同學來約我去駕駛帆船，我因當年

在英國接受水兵訓練時,吃過駕駛帆船時因風向轉變而回不了港的苦頭,故予婉辭。豈料黃昏後我在房中看書,聽到有人敲門,開門一看嚇了一跳,那位美國同學全身濕透站在門口說:「我們在港內駛帆,因風浪增大,帆船翻轉未沉,我們趴在船身上呼救良久,過往船隻均未看到我們,後來天色漸黑,我決定冒險游往岸邊求救,中途為經過身邊的船隻救起,等我們找到翻轉的帆船時,丁辰生已不在了」。我當時拉著這位嚇呆的年輕美國同學跑去基地值日官處報告,嗣後美方出動海岸巡防隊的救難艇及直昇機,在聖地牙哥軍港內搜尋,未有所獲,俟第二天漲潮時,丁同學的屍體被沖至海灘上。當時震驚了我們全體同學及美國海軍兩棲訓練基地的官兵,因為此乃從未發生過的不幸事件,尤其是失事者為一位盟軍青年軍官。最痛苦的是我們的「游泳求生(Swimming for Survival)」,課程的教官,他沉痛地對中、美海軍同學說:「我上課時再三教導你們,遇到海難時儘可能抓住水面浮動物件,等待救援,絕不可冒險去游泳,如果是兩人在一起,絕不可以分開,因為有伴可以減少恐懼……。」美國教官訓完話後,一直搖頭嘆氣,讓大家難受不已。

丁辰生同學的海葬典禮非常隆重,當時由美國海軍兩棲訓練基地司令官親自主持,率兩棲旗艦El Dorado號開出港口駛向外海,艦上全體官兵「站坡」,此乃海軍軍艦上最高的禮節,全體士兵在軍艦的兩舷,從艦首到艦尾排隊,面對海面站立。全體官員、兩棲基地官員及中國海軍軍官站在後甲板,面對艦尾,由披著紅領黑衣大禮袍的軍中牧師主持葬禮,唱聖歌,禱告及致悼詞,其內容感人,含有中國人所感嘆的「出師未捷身先死」的意

義，最後是由號兵吹〈熄燈號〉，儀隊鳴槍，全體官兵肅立敬禮，目送丁同學下葬海浪中。

旗艦回航途中，我們在官廳中休息喝咖啡，軍中牧師前來慰問，並問我們：「這是不是一次很盛大的海葬？」我們起立致謝，他又說道：「這是我第二次大戰結束後所主持的第一次海葬。」寫到此刻，我不禁會想，這恐怕是中國海軍人員有史以來，迄今為止最隆重的一次海葬。

1954年4月中，我們受訓完畢，搭乘美國軍機回台灣，去時15人，返國時14人。

寫於2008年11月

9
兩棲作戰訓練

　　我們回國後都派在剛設立的兩棲訓練司令部擔任教官，登陸小艇組三位中尉教官依次是佘時俊同學、同班劉丕穎同學（第一批留美兩棲訓練）與我，另有兩位准尉助教。當時由馮啟聰少將出任司令，因係匆匆籌設，故教室、辦公室、宿舍都很簡陋。在積極籌備的過程中，因一切新創，我們要撰擬課程計劃及講義，設計教室中的兩棲登陸艦艇活動模型板，以及開始試講，忙了數月，終於開班授課。一時間簡陋的營區熱鬧起來，大批三軍軍官入住雙層舖的擁擠學員宿舍，上課時兩棲作戰要則班在百人大教室上課，當年尚未流行擴音器，故教官們必須大聲講課，我也練成了大嗓門。夏天的台灣南部酷熱，教室中連電扇都沒有，常常連著兩堂課講下來，汗流浹背，全身濕透。

　　有鑒於兩棲登陸作戰是未來反攻大陸成功與否的決定性首仗，因此兩訓部奉令開設兩棲高級班，由三軍總部副總司令（含）以下的將官來接受三天的三軍聯合作戰中，兩棲突擊登陸作戰的基本訓練。一時間營區內將星雲集，上課時教官們登上講壇，先要向學員鞠躬，敬禮，然後稱「各位長官」，開始戰戰兢兢的講課。當時陸、海、空三軍將領看著我們這批二十多歲的尉官，在台上侃侃而談兩棲戰術，都露出好奇和嘉許的眼神。有一期海軍副總司令劉廣凱中將也在受訓，他曾高興地對我們的班主任劉定邦上校表示，

陸、空軍的將領對他言道，在他們軍種中不可能訓練出如此年輕而優秀的尉級教官，劉主任對我們的鼓勵，令我們更加賣力。

當年我們這批海軍官校各年班畢業的年輕教官，相處如兄弟般的友好和親密，都在未婚「泡蜜絲」的年歲，我們由通訊組主任教官王藹如上尉（38年班）率領，常在週末浩浩蕩蕩去「四海一家」軍官俱樂部跳舞，而且是分工合作，必須有人赴高雄接舞伴，有人在軍區大門口等候，辦理舞伴進入軍區的登記手續，及在自行車後座載舞伴赴「四海一家」，最辛苦的是負責先到軍官俱樂部購票佔位的兩位同學，有時我們因等候女士們化妝而遲到，佔位的同學會對我們辛辛苦苦長途跋涉接舞伴到場者瞪眼埋怨，因為兩人佔了十來人的桌子和椅子，而空著無人入座，引來不少找不到空桌的學長和學弟們，頻頻探詢可否讓出一些座位，令他們很窘。

當兩棲作戰訓練有了成果後，兩訓部的上級單位兩棲部隊司令部，就開始舉行三軍聯合作戰登陸演習，我們這批尉級教官就順理成章參加計劃作業，並在演習時登上旗艦執行登陸計劃。但以小艇組教官佘同學、劉同學及我三人最為辛苦，因我們的任務是訓練、計劃及執行突擊登陸時的「艦岸運動」中，控制水鴨子及登陸小艇的突擊舟波，分批密集搶灘登陸，以及控制後續的中、大型登陸艦搶灘，下卸戰車、機動砲、重裝備及後續登陸部隊。當年大型的「師級」演習，三軍統帥先總統蔣公會來灘頭校閱，此時我們負責的「艦岸運動計劃」突擊舟波登陸階段最為重要，因為統帥和中外貴賓以及訪台的海外僑胞，都雲集灘頭，觀賞我們的表演；因此，我們必須在大演習前的一個月，常常帶領登陸艦艇在左營軍港外的桃子園海灘反復操練舟波搶灘及退灘，並要求各舟波在海面行進時排列整齊（真正作戰時不可能），準時抵達灘頭。

1956年開始，第一、第二批留美兩棲同學先後都調艦服務，由後批留美同學接任，我因擔任兩棲演習的「艦岸運動」控制官略有一點虛名，故在兩訓部多留了半年。然而調「中光」艦任職僅八個月，就被老長官兩棲部隊司令馮啟聰中將調去擔任作戰處作戰官，爾後又調任外事連絡官，從此以後未再有機會上艦服務。自1954年開始，以迄1961年整整七年我都在兩棲部隊工作，無論是擔任教官、作戰官或外事連絡官，我每年都要參加「師、團、營」級的大小登陸演習，擔任「艦岸運動」控制官，使用無線電話指揮水鴨子及登陸小艇舟波。當年的海軍和海軍陸戰隊士兵都是大陸各省來台，最多的是來自山東、河南、廣東、福建和四川諸省，他們南腔北調的土話口音，在我單向主控的無線電控制網中，不守紀律地呼叫，或聽不清我的上海腔國語，頻頻發問，攪亂了整個網路通話秩序，常在大演習的預演時，氣得我在網路上大聲嚇止和責罵，因此在後期，我看到水鴨子和登陸小艇就覺得頭昏，想盡方法要離開兩棲部隊。

　　1961年5月，我考取國防部連絡局外事連絡官，攜眷赴台北定居及工作，擔任國防部工作僅一個月，就幾乎被抓回去參加「國光計劃」（反攻大陸計劃，現已解密，並由國防部史政編譯室於2005年12月出版「塵封的作戰計劃──國光計劃口述歷史」）。

　　如今回顧半個多世紀前的50年代，想起當年那種枕戈待旦，士氣激昂，準備反攻大陸的豪情壯志，不禁深深懷念已謝世的老長官、老同事和老同學們。

　　美國最後一位五星上將麥克阿瑟元帥在生前最後的一次演講中，對西點軍校的學生說了一句千古不朽的名言：

老兵不死，只是凋謝而已。

Old soldiers never die, they only fade away.

寫於2008年11月

10
兩棲部隊

　　民國45年10月間，我從兩棲訓練司令部奉調至戰車登陸艦（LST）〈中光〉號軍艦擔任通信官，我是第二批赴美學習「兩棲作戰」返國擔任教官中最後一個調艦服務者，惟僅幹了八個月，就被老長官兩棲部隊司令馮啟聰中將調至兩棲部隊司令部作戰處作戰科擔任作戰官，負責兩棲部隊所屬的海灘總隊作戰與訓練工作，業務非常繁重，因為海灘總隊管轄小艇大隊，灘勤大隊和水中爆破隊，士兵均是艦上調下來的老油條，反正反攻大陸回家之日無望，軍中待遇菲薄，又不准結婚成家（軍官也規定二十八歲始准結婚），所以就在隊上混日子和發牢騷。當年海灘總隊總隊長是陳振夫上校，我們海軍官校41年班在校的最後一年，他是學生大隊大隊長，因此他與我有師生之誼，知道他幹得很辛苦。

　　當年在兩訓部擔任教官時，每逢兩棲演習，就被兩棲部隊司令部借調去擬訂艦岸運動計劃、訓練登陸小艇在左營港外桃子園海灘，操練搶灘登陸，以及正式演習時擔任艦岸運動控制官。換句話說，在美國海軍中兩棲作戰的計劃、訓練及執行，是由三組不同人馬擔任，但在中國海軍中則由一個人去做。想當年高我一班的佘時俊同學，同班劉丕穎同學和我三個中尉教官就陷在這個泥淖中。其原因很明顯，因為整個兩棲作戰演習包括層面很複雜，主要部份包括：裝載、海上編隊、船團航行、抵達泊地，然

後開始換乘（登陸部隊從運輸艦下卸至靠在船邊的登陸小艇），各舟波在空舟待命區待命，由艦岸運動控制官依登陸計劃，控制突擊舟波準時搶灘登陸，然後依序控制中、大型登陸艦搶灘，下卸後續部隊、戰車、自走砲、裝備、彈藥及補給品等。惟其中最重要的是「艦岸運動」，因為大型演習時，總統蔣公及國防部俞大維部長會親臨灘頭，觀察兩棲登陸演習。因此，艦岸運動就變成表演焦點，於是。我們三個人的角色變成很是吃重。

後來佘同學和劉同學先後離開兩棲部隊，而我卻被馮公看中，連續七年在兩訓部及兩棲部隊，從教官、參謀，幹至外事連絡官，但每年大小演習都要奉命擬訂艦岸運動計劃，然後在演習時擔任控制官，控制各舟波登陸，我估計這七年中我參加大小兩棲演習（營級演習、團級演習及師級演習）至少有二十次之多。後來我在民國50年考取國防部連絡局，並蒙崔之道司令放我離開，從此就脫離兩棲部隊，此後我再也未曾去過左營港西碼頭的兩棲部隊司令部及桃子園海灘，因為我怕透了「艦岸運動」和登陸小艇。

民國47年（1958）春，我在兩棲部隊作戰處作戰科擔任作戰官，某日馮啟聰司令召見，表示國防部俞大維部長向他交待一個極機密的參謀研究——「以行政登陸方式，從金門運輸一個軍的部隊及裝備至廈門地區需要多少時間？」所謂行政登陸，乃是在敵軍防禦的海灘登陸。

當時我會同後勤處副處長，依據他計算出來的裝載計劃所需的船舶數量，我假定氣候晴朗，海浪在四級以下，海軍所有的運輸艦隻及登陸艦艇使用率在75%左右，每天兩個漲潮時間，登陸艦艇從金門運輸一個軍的部隊及裝備搶灘登陸及退下灘項，精確計算出來

的結果是需要14天。當然最重要的假定是廈門地區共軍與我方已達默契，按兵不動。

　　由於此案係由馮司令交待，不必經過科長、處長及參謀長，我直接向他呈報，因此他看完我的參謀研究後嚴肅他對我表示：「這實在是大大出乎我的意料，你有否精確計算？我遂將後勤處提供我的詳細裝載計劃向他顯示，並表示我和後勤處副處長，一算再算，確定數字無誤。馮司令默然良久，然後表示他當晚搭夜車北上，向國防部俞大維部長呈報。三天後馮司令返部，召見我笑嘻嘻地表示，他晉見俞部長面呈我的參謀研究，當時在場的是國防部第三廳（主管作戰）副廳長蔣緯國將軍，俞部長仔細地讀完我的參謀研究，然後交給蔣將軍一讀。他們讀後都表示需要14天，實在不可思議，但也承認這是事實，據馮司令形容，他們的臉色都很洩氣。

　　從此以後，我在兩棲部隊作戰處被視為首席參謀，凡有「參謀研究」交待下來，大都由我執筆。當年我是海軍上尉，年齡廿八

1958年在高雄與美國海軍第七艦隊官員合影（右一為筆者）。

歲，今日回顧五十多年前的一股豪氣，不禁興起「不堪回首話當
年」的悵觸。

寫於2008年12月

1957年6月9日筆者與張希瑛女士在左營
海軍基地四海一家軍官俱樂部結婚。

··

國軍迫遷來台

11
「八二三」金門砲戰五十週年紀念

　　我在民國41年（1952）自海軍軍官學校畢業，42年冬考取留美兩棲作戰訓練，43年春返台擔任新成立的兩棲訓練司令部教官，46年調任兩棲部隊司令部作戰處作戰官，47年（1958）8月23日下午五時三十分，驚動中外的金門砲戰爆發。當天晚上八時左右，司令部派車召我急返作戰處辦公室，作緊急應變計劃。當時兩棲部隊司令部奉命組成65特遣部隊，負責擔任支援金門的海上運補任務，我擔任運補計劃作業和調撥艦艇，以及協調友軍裝載支援金門物資業務。

　　記得砲戰後數日，65特遣部隊首次組成登陸艦船團，由護航驅逐艦（DE）太字號艦隻，經海上編隊向金門出發時，兩棲部隊司令兼65特遣部指揮官馮啟聰中將親自率船團出發，我追隨馮公，在旗艦駕駛台站立坐在右側指揮椅上馮公的左側，擔任連絡工作，當時美國第七艦隊派四艘驅逐艦在澎湖海面與船團會合，擔任護航任務，惟航抵金門海外12浬處，即不再進入，留在公海警戒。

　　當船團進入金門水域時，馮指揮官下令旗艦一馬當先，駛入料羅灣，接近船團登陸灘頭的海面巡行一圈，共軍砲火對旗艦密集射擊，砲彈在船頭、船尾、左舷、右舷附近海面落彈，形成壯觀的海面水花，當時全艦人員都穿上救生衣，僅馮公不穿，穩如泰山般地坐在指揮椅上，我當時心想馮公應是有與艦共存亡的決心。

這場砲戰一直持續至10月底才進入尾聲，中共宣佈「單日打，雙日不打」；此時，大家才能喘一口氣，恢復星期日休假。當時有一段長時間，馮司令、參謀長以及各位長官，每天從清早工作至深夜。偶爾，馮公在夜間等待船團消息時，也會來作戰處輕鬆地與我們談談海軍的掌故，一改平時嚴肅的態度。如今諸位可敬的長官及出生入死在金門搶灘，運補糧食和軍用物資的登陸艦艇長官們，泰半均已作古，故常興「此身尚在猶驚」之感嘆！

　　此外，還有一個小插曲要寫下來作為紀念，那是在砲戰以後各方作檢討的時侯。有一天，馮公召見我，進入他的辦公室，發現他臉色鐵青坐著等我，遞給我一份公文，交待由我來辦稿回復，越快越好。原來海軍陸戰隊司令部居然將砲戰初期，中外記者群集台灣採訪戰訊，其中有一部份中外記者搭乘陸戰隊的LVT（水鴨子），從海面登陸艦船首大門下水，駛往海灘，因機械故障翻沉而淹死，歸咎於海軍海上救難之不力，並以副本送海軍總部及國防部。

　　當時我僅以半小時，一口氣就完成復函，我在公函中說明了海軍救難小艇的功能和受海浪限制情形，以及在當時所作的努力及施救其他故障水鴨子成功的例子（筆者留美學習兩棲作戰時，專攻登陸小艇搶灘及救難工作）。我還記得最後一段的結論是；「……作戰期間，舟車人員損失是所難免，尚祈貴部今後嚴加督促戰車營（水鴨子）加強訓練保養工作，以減低作戰時的損傷率……」。副本抄送海軍總部及國防部，以及我能想得出來的有關單位，妙的是陸戰隊司令部從此閉口不再打筆墨官司。

　　震動中外的金門砲戰是國軍在大陸潰敗以後，繼民國38年在金門古寧頭一役擊退共軍的登陸作戰之後，再一次站穩腳根抵禦了共軍的猛烈砲擊（共發彈近五十萬發，每一平方公尺中彈的數量，

破了兩次世界大戰的紀錄），大大地振奮了國軍的士氣。這場戰役牽動了複雜的國際背景，由於台灣已與美國簽訂了〈共同防禦條約〉，戰爭的規模將考驗華盛頓對台灣的承諾，以及中共與美國武裝衝突的底線，雖然此條約對於金、馬的立場並不明確。

1958年9月30日，美國國務卿杜勒斯發表聲明，直言國府應退出金門，以台灣海峽為界，實行停火，不過卻遭先總統蔣公嚴拒，表示國軍將堅守金門陣地。由於民國38年國府退守台灣後，美國政府一直主張「台灣地位未定論」的聲音，意圖將台灣從中國主權中分割出去，因此杜勒斯聲明被解讀為華盛頓要求國府放棄福建沿海島嶼，為兩岸政治完全切斷作準備，此時金門砲戰滲入了國際政治的因素，國共雙方均明顯抗拒美國此一立場。

10月6日，由毛澤東起草，以國防國部長彭德懷名義發表了「告台灣同胞書」，暫以七天為期，停止砲擊，並提議舉行談判，不過遭先總統蔣公拒絕。10月21日杜勒斯訪問台灣，與國府達成共識，即華盛頓增加對台灣的援助，不再要求國府由金門撤退，同時，國府則減少在金門的駐軍，並不再對大陸使用武力。

民國48年起，金廈共軍的砲彈均打到無人地帶，國軍也停止派遣戰鬥機進入大陸。民國50年（1961）中共中央再命令福建共軍停止實彈射擊，只打宣傳彈，直至民國68年（1979）中共與美國建交，中共人大常委會委員長葉劍英發表「告台灣同胞書」，宣佈停止砲擊大小金門島嶼。

半個世紀以後，回顧金門砲戰的經歷與歷史意義，我深有髀肉復生之感慨，更有五十年如一夢的滄桑感覺。

寫於2009年10月

12
海軍白色恐怖時代

　　民國38年春，重慶艦在吳淞口發生士兵「叛變」（中共稱為起義）劫持鄧兆祥艦長啟航北上投共，然後長江艦隊司令林遵率艦隊投共，當時由陸軍轉升海軍總司令的桂永清氣得發狂，幾乎將所有的馬尾海校系統的將、校、尉軍官拘禁或下獄。並引進大批陸軍政工和情報人員，來海軍實施大整肅，傷亡累累，多少海軍精英受到監禁和冤獄，包括我們敬愛的校長魏濟民將軍在內，當時最慘的是我們海官校的區隊長37年班（1948）學長們，他們都是舊制馬尾海校的學生，轉入民國35年成立的中央海軍軍官學校。38年初，他們率領我們六百多官校學生（38年班、39年班、40年班及我所屬的41年班）由青島撤退到廈門，除了郭校長的王侍從官，因其父是黃浦一期老將，郭校長一念之仁將他放走外，全部37年班的區隊長們都遭拘禁。最慘無人道的是38年夏官校再度撤退來台灣時，我們朝夕相處的區隊長們都被放入麻袋，丟入廈門港外海中，當時他們才二十多歲啊！那是一個寧可誤殺99人，不可放走一人的時代。

　　同時期，各班同學中也有許多人被抓走，包括我們重慶艦考入官校八人中的王安定同學及靈甫艦考入官校二人中的蔣中元同學，以及軍官第六隊楊季麟同學（與我在重慶艦同屬魚雷中隊）；當時，我們剩下的八個留英海軍士兵考入官校的同學，整天心驚肉跳，提心吊膽，準備隨時被抓進去，因為我們都頂著重慶艦叛變投

共的罪名，如今王同學已病故兩年多。蔣同學住在澳洲，記憶力已衰退，楊同學則已去世十多年了。

到了台灣後的第一年，仍常常有同學失蹤，有一次半夜裡，大家從睡夢中被急促可怕的哨音驚醒，全體在操場集合，當時官校有三個學生大隊，除大隊長是海軍軍官外，其餘中隊長、區隊長及政治指導員全是陸軍人員，但是我們發現在操場上還有許多不明便衣人士分佈在四周，如臨大敵，令我們驚駭緊張不已，然後我們奉命去庫房將個人的箱子或行李取出，再返操場將行李打開，由這些不明便衣人士翻箱倒籠地檢查，當場有若干同學被查出與大陸親友的通信或可疑的書籍而被抓走。後來的發展是若干同學放回來了，有些被抓同學則被送入惡名昭彰的鳳山拘留所黑獄，然後再被送入反共先鋒營接受思想改造，一年多後，才放返官校，因功課落後都降了一班。

必須一提的是，當年被送進黑牢拷問，以及爾後接受思想改造的同學中，並無一人被查證是共諜，俟民國41年，海軍總司令回歸由海軍軍官擔任，桂永清所帶來的情報與特工人員，逐漸自海軍中清除出門，從此由政治部負責思想調查及安全考核工作，海軍白色恐怖時期進入尾聲，但是各階層的政工人員仍是大權在握，嚴密監控海軍兵科軍官（海軍官校畢業者）的言行，在民國四十年代，幾乎有四分之一以上兵科軍官，不得出國受訓或擔任指揮職（艦長以上重要軍職），包括我自己在內。

民國42年冬，我考取留美接受兩棲訓練，當時出國的安全考核並無問題，45年秋我調中字號登陸艦通信官職務，某日登陸艦隊司令部通知我向艦隊政治部保防組報到，一位少校組長和氣地與我談話，主要問話有三點：第一點、是我在美國受訓時寫信

給上海哥哥；第二點：是我大哥張平（抗戰開始時前往延安改了名）是大陸（那時稱為匪區）著名電影演員，在中央電台向我廣播，勸我返回祖國建設新海軍。第三點：是張平寫信給我，還附了穿解放裝的相片。

我當時的回答是；第一點：我確實有信去上海，信封上是我二哥的名字，信是寫給我母親的，因為我在台灣無親人，但生活在軍中大家庭有溫暖感，到了美國非常寂寞，特別思念老母。第二點：軍中生活艱苦，並無能力購置收音機，況且台灣的私人收音機都需要登記，並封掉短波功能，故並不知道大哥在電台廣播呼叫我去大陸之事。第三點：我從未收到大哥的來信，更未見過他的照片，事實上，自民國26年淞滬戰爭爆發後，我未曾再見過大哥，更不知道他已改名為張平。

談話結束後，隔房一位少尉政工人員拿了他所作的紀錄交給我看，少校組長很客氣地表示，我可以修正或補充，但必須在上方註明「修改多少字」；臨別時，他還客氣地送我出門口，並要我放心，說這是亂世中的插曲，不是大問題，千萬不要擔心。我很感激他的善意，但還是半開玩笑似地抱怨道：「你們調查了我，可是大哥的來信和相片卻不還給我。」

我當時還不知道尚有「第四點」他未曾問我，因為一年後我在左營大街上遇見梁天价艦長（海軍中將退役，已於多年前作古）。他要我今後特別小心，因為艦上的政治指導員對我有意見，政治考核上寫了負面的話。寫到此地，我特別懷念老長官的豪爽和仁厚；梁艦長一口四川話，性子急，但寫得一手好字，常責罵副艦長，但從不罵我們年輕軍官。有一次我艦運補金門遇到七級風，船體搖晃劇烈，我在駕駛台值更，吐得連苦膽黃水也吐光了，他走上駕駛台

巡視時看到我的慘狀，立刻叫我下艙休息，由他來代我值更，如今緬懷老長官的愛護，不禁淚下。

民國四十七年（1958）春，我在兩棲部隊作戰處擔任作戰官，奉命辦理我和美國海軍首次聯合兩棲作戰演習，在南部枋寮以一個陸戰隊加強團的兵搶灘登，並分成兩個灘頭，由中、美兩個加強營登陸，另一個美國陸戰隊加強營為後備部隊，當時有七、八位海軍和陸戰隊軍官組成赴琉球美軍基地參加聯合作戰計劃，由我擔任綜合參謀。然而在辦理出國手續時，遲遲不見下文，一直到中、美雙方計劃作業協調會議的前兩天，才接到出國命令，匆匆趕至台北辦理一切手續，到了台北後始悉，一切延遲原因都因我的安全調查出了問題，拖累了一大批人不得成行，後來是由兩棲部隊司令馮啟聰中將親自去總部政治部具結保證我的安全問題，始予放行。同年八月二十三日爆發金門砲戰，我擔任65持遣部隊作戰官，處理的電報及函件都是『極機密』毫無安全問題；但在砲戰結束後，外事連絡室出了缺，本應由國防部外語學校畢業的軍官擔任，但馮公認為應由留美學習兩棲作戰的我來擔任連絡官較妥；惟此屬重要軍職，必須報總部核定，豈料總部政治部的安全調查評語為「有顧慮」覆文當然是「不准」了，而這些過程我都不知道。

有一天，馮公召見，告訴我原委，並安慰我這一切不是大問題，他會處理，但告誡我今後講話要特別小心，不久本部政治部曹主任召見我說：「仇參謀，你是馮司令器重的青年參謀，我們會儘力幫助指揮官解決問題，但有一定的手續要辦，你去見保防科羅科長，你的問題不大，放心好了」。羅科長是熟人，每逢兩棲登陸作戰演習時，我負責艦岸運動計劃，他負責保防計劃，他站起來拍拍我的肩膀說：「小老弟，不要擔心，我們會幫你解決問題，但有許

多事要做。」說完就給了我一些資料，並要我寫詳盡自傳，從幼年參加海軍，以及在海軍中各項職務的經歷和看法，以及大陸及台灣的親友關係。更感人的是同宿舍的上尉保防官老王，跟著我出了保防科，將我拉至一邊悄悄地說：「老仉，凡你所寫的東西都要留一份底，以備將來要你再寫時，能夠前後相同無誤，切記！切記！」如今曹主任已作古十多年了，聽說他退役後在補習班教日文，因他是早期留日學生，羅科長和老王不知目前在何處，我很懷念他們的仁義和友愛。

　　民國54年（1965）我奉調駐美採購團工作，係單身赴美任職，我不曾擔心安全調查問題，民國62年外交部徵調我去駐美大使館擔任國會連絡工作，那時我在交通部觀光局擔任主任秘書，我特別先問曾在警備總部任職的觀光局安全室張主任說：「當年我的安全調查出了問題，不能出國，後來經過一番週折，我的安全等級從（有顧慮）升等為（尚無顧慮），現在外交部徵調我，這次要攜妻女赴任，安全調查通得過嗎？」張主任聽了大笑說：「仉主秘，你儘管去外交部吧！一切OK。因為軍人退役後或出任文職時，他的安全檔案就close了（結束了），不移出去，也就是說，基本上軍中認為軍人任職有嚴格的安全顧慮標準，既然離開軍中，那就大家好聚好散，留下一絲懷念。」

　　換句話說，當年軍中政治部高喊的「軍人的革命情感道義口號」，終於在軍人離開軍中的時候兌現了。每想起來我心中還是蠻感動的，溫馨的啊！

寫於2009年12月

13
外事連絡

　　1959年我調任兩棲部隊外事連絡官工作，對象是美軍顧問團海軍組的兩棲顧問，連絡室主任羅和平中校是赴英國接艦第一艘〈伏波號〉的學長，他自海軍軍官學校軍官班第一期畢業，外事連絡工作經驗豐富，英文造詣很高。因此，無論是口譯或筆譯，我受益匪淺，他可說是我從事外事連絡工作的啟蒙老師。

　　當年兩棲顧問是van Vleet少校，因任第七艦隊所屬72機動部隊（又稱台灣巡邏部隊Taiwan Patrol Force）旗艦的輪機長，指揮官Blackburn少將念其不久將屆齡退役，建議將他調為美軍兩棲顧問，作為酬庸。然而此人不學無術，態度傲慢，因只懂輪機，不知兩棲戰術，故常要我陪同登上各型登陸艦艇，檢查輪機艙保養工作，頤指氣使，官腔十足，令艦長們頭痛氣結。最痛心的是，由於他的負面檢查報告，美軍顧問團海軍組副組長某中校前來拜會第二任兩棲部隊司令崔志道中將，開門見山批評登陸艦艇保養工作不良，最後撂下一句狠話：「你們在浪費美國納稅人的錢。」當時崔司令的臉色難看極了，此情此景永遠難忘。

　　無奈的是當年接受美援時代，軍人及眷屬都配給美援麵粉和黃豆；三軍的裝備、彈藥零配件，甚至建造營房經費，都來自美援，夫復何言？

後來1970年代，我在駐美大使館擔任國會工作，常有一些共和黨保守派國會助理，因為反共而支持台灣，偶爾一些年輕助理也會任意批評台灣政治，一般情形之下我都會忍受，但如過份我會將當年美軍顧問團海軍組副組長「無禮」的故事敘述一遍，順便向他們推荐一本1960年代美國作家所著的風行一時的《醜陋的美國人》一書。該書批評美國駐東南亞國家大使館及美援機構，對待當地政府人員及人民的傲慢和專橫情形。

　　1960年中，中美海軍聯合舉行一次空前大規模的「師級」兩棲登陸演習，代號為「藍星（Blue Star）演習」，由美國第七艦隊所屬兩棲部隊司令擔任中美聯合兩棲特遣部隊指揮官，下轄兩個中、美運輸支隊，分別裝載中方一個陸戰隊加強團及美方駐琉球的第三陸戰師所屬的兩個加強團；護航支隊由中方派遣護航驅逐艦數艘先至琉球會合，然後依照演習計劃從琉球啟航，並在台灣海峽預定地點與中方運輸支隊艦艇會合，編隊完成後浩浩蕩蕩駛向台灣南部枋寮海灘，於黎明前進入泊地，並於拂曉開始艦砲及空中攻擊。我的工作崗位已先在琉球時移至中方護航支隊旗艦，然後於船團進入泊地後，再搭乘小艇移至中方運輸支隊司令李登謙少將的旗艦，擔任中方灘頭艦岸運動控制官，指揮突擊舟波及裝載後屬部隊、重裝備、大卡車等中、大型登陸艦艇搶灘卸載。當時中方的登陸灘頭位在右方稱紅色灘頭，美方在左方稱藍色灘頭。

　　這次「藍星演習」至為成功，先總統蔣公率領中、美高級將領、外賓及僑團在灘頭校閱，當時遠處海面中美艦艇雲集，非常壯觀，開始艦砲和空中攻擊時，有如實戰現場，非常逼真。俟中、美雙方的突擊舟波在激浪中搶灘時，中、美海軍陸戰隊隊員從水鴨子

或登陸小艇衝上沙灘，或半身在激浪中掙扎著步上沙灘時那一刻，據說灘頭上的數百貴賓歡呼鼓掌，興奮激動不已。

但是萬事有得必有失，有幸也有不幸，所以我在此必須從頭說起。演習前三個月，由登陸艦隊副司令李北洲上校率領包括我在內的兩員空軍中校，四員海軍上尉，飛往琉球，駐在第七艦隊所屬兩棲部隊司令旗艦上，配合其參謀單位，商訂聯合兩棲登陸作戰計劃，我除了擔任連絡官工作，尚需負責「艦岸運動」計劃。俟美方所擬訂的英文版演習計劃出爐後，我們即攜原計劃飛回台灣，立即加班趕譯成中文版演習計劃，我當時是一支蠟燭兩頭燒，一方面要在連絡室擔任翻譯工作，另方面要在作戰處處理有關「艦岸運動計劃」部份的水鴨子和登陸小艇的操練事宜，與時間在賽跑，非常緊張。爾後由中方運輸支隊指揮官李登謙少將召集參加演習部隊，舉行簡報及沙盤推演，一切都安排妥當後，我們再飛琉球，回旗艦報到，準備按預定計劃執行「藍星演習」。

離開左營海軍基地前，李少將召集我們會談，他表示希望我在船團抵達泊地的「登陸日（D-day）」，能回至他的中方運輸支隊旗艦，執行「艦岸運動」的控制官任務，當時我猶豫一下，但仍同意了。

因此，我回至美國旗艦後即與負責「艦岸運動計劃」的Thede少校商量此事，起初他不同意，因為理論上我們中國海軍軍官是中美聯合兩棲特遣部隊指揮官的中方參謀，應留在旗艦上與美方參謀共同執行「藍星演習」。但經過我說明在登陸演習的當天，很可能蔣總統會率領中、美高級將領蒞臨登陸海灘，校閱突擊登陸演習過程，他恍然大悟，同意去向美方指揮官報告請示。幾天後我就接到美方派令，在船團啟航離開琉球泊地前，搭載中方護航支隊〈太字

號〉軍艦駛往台灣南部，並在中、美雙方船團會合後駛入枋寮海面時，於「登陸日」的黎明前，再由小艇轉載至中方運輸支隊旗艦向李少將報到，執行兩棲登陸「艦岸運動計劃」的控制官任務。

「藍星演習」圓滿結束後舉行檢討會，美方提出中方陸戰隊登陸的紅色灘頭位置，與美方所擬訂的英文計劃中規定的登陸地點，向右方偏了數百碼，當時中方海軍人員都感到詫異，事後也未深入研究責任歸屬。

惟數月後，作戰處負責「藍星演習」的綜合參謀同班同學張德昌上尉，奉作戰處俞處長之命來向我表示，作戰處認定是項錯誤是我的疏忽，擬簽請將我記過處分，問我有何意見？當時我氣急攻心，對他說了一句狠話：「你們如果敢將責任推在我的身上，我自有辦法對付你們，因為我知道錯誤責任所在。」顯然地，他是奉命來探詢我的反應，因為此事後來再無下文，不了了之。張同學是我的知友及鄰居，他從未見到過我如此地反應激烈，當場嚇了一跳，就回作戰處去回報了。

當時羅和平主任也在場，目睹此一場景，搖頭不發一言，數天後我心情恢復平靜，向他報告，我已決心離開兩棲部隊，他十分贊成，並建議我設法調至台北國防部工作，於是我就委託在國防部禮賓處工作的湯紹文同學代我注意機會，不久他來函告知國防聯絡局招考三名編譯官，並已代我報名，我北上應考以第一名錄取，並破格以外事連絡官任用。1961年夏天，我揮別了服務七年多的兩棲部隊，在國防部開始了全新的軍人生涯，我的未來充分證實了「塞翁失馬，焉知非福」的中國名言。

寫於2008年10月

14
國防部連絡局

　　1961年5月，我攜人事派令，向國防部連絡局報到，分發在第一組工作，組長是李寧空軍上校，待人親切，我是組內惟一的海軍連絡官，但是我們的業務不分軍種，因此我也開始熟悉陸、空軍的組織、運作和戰術等術語，以及國防部聯合參謀作業的性質，頓時眼界大開，視野更為廣闊。當時我是海軍少校，凡我所翻譯的文件，都經由資深連絡官朱啟利空軍中校和約聘特等編譯官朱邦德兄核稿，他們倆位中、英文翻譯功力高超，對美軍公文用語熟諳，因此我受益匪淺。另外有數位服預備軍官的少尉編譯官，都是台大外文系及師大英語系畢業的高材生，他們年輕好學，常在工作空閒時段埋首苦讀，準備教育部主辦的留學考試。當時我的年齡正夾在兩代之間，首次享受了兄友弟恭的和諧境界，內心既幸福又快樂。嗣後這批少尉編譯官都出國留學。

　　國防部連絡局的同仁大部份係國防部軍官外語學校畢業，以及像我這種曾在美國受訓的三軍軍官，其中以陸軍為最多，空軍次之，海軍最少，當時只有五、六人而已。但是連絡局就像一個大家庭，除了軍服不同外，同仁間在心態上已不分三軍，彼此合作無間，無論是公誼或私交與日俱進，無形中已儼然成為另一個「外事連絡官」小軍種。這批專業軍官因與美軍顧問併肩工作，在當年威權體制之下和軍中文化閉塞之1960年代，他們較能吸收新的資訊，

以及具有開放的心態，所以絕大部份外事連絡官，在國防部樂不思蜀，不想再回到原來的軍種。許多年輕同仁因考慮未來退役後踏入社會的需要，故紛紛考進各大學夜間部攻讀學位，讀書風氣很盛。回憶在1970及1980年代，台灣經濟起飛，列為四小龍之首，惟因大部份優秀大學畢業生都已出國留學，不願回國服務，時當台灣出口成長飛躍及外資湧入之年代，外語人才奇缺，這批行政經驗豐富，中、英文俱佳的三軍外事連絡官，正值壯年之時，紛紛退役投入社會，正是政府，公、民營企業，外貿推廣組織以及貿易公司所需要的中堅骨幹，參加了台灣早期經濟建設發展工作，卓然有成。

　　不久之後，我被調至連絡局局長胡旭光空軍少將辦公室，擔任局長室連絡官，從此改變了我今後的人生歷程，此為後話。局長室除我之外，尚有陳玉亭陸軍上尉，負責閱稿，分送有關副局長核稿後，呈局長核批，再送回各組處理；另有黨琦琛小姐負責打字和照顧副局長室的事務。我的主要工作是負責對外連絡，故不少時間化在電話上，我的工作對象是美軍顧問團團長室、美軍台灣協防部司令室、國防部部長室、參謀總長總長室、三位副參謀總長室，以及三軍總司令室等單位的侍從官和機要人員，因此常和這批優秀的中、美年輕軍官以電話熱線連絡，建立了公誼私交。每屆有人調差，舊任必帶新任侍從官來我們辦公室作禮貌拜會。

　　我在局長室工作了四年（1961～1965），送往迎來，認識了不少三軍年輕優秀的首長侍從官，他們軍階大半是上尉，年齡不到三十歲，儀表出眾沉穩有禮，每當先總統蔣公來到國防部召開作戰會議，他們抽空從大會議室的三樓，來至二樓我們的辦公室稍作逗留，愉快地聊天，一時間「冠蓋雲集」頗有「八方英雄會中州」的氣概。可惜的是這批三軍菁英，後來並未在軍中歷練發

展，升任要職，也許是他們在高官身旁。看透了官場的生態和利害關係，因此設法提早退役，轉業或繼續進修。據我所知，即有兩位陸軍軍官在美國取得博士學位，此時他們都已四十出頭，其用功之深，可以想見。

當年整個國防部只有連絡局局長室裝有一檯IBM電動打字機，因此俞大維部長和彭孟緝參謀總長的英文函件都由局長室黨小姐打字，我和陳上尉負責校對，有機會接觸政府高層人士英文用字的含蓄和典雅，對我往後四十年以英文作工具的生涯，大有裨益。有趣的是負責為俞部長撰擬英文函稿的是副局長溫哈熊陸軍上校，他用字簡樸懇切（simplicity and sincerity），負責為彭總長撰稿的是總長室英文秘書吳炳鐘陸軍上校，他的行文則顯華麗流暢flourish and eloquent）。溫是美國維吉尼亞軍校畢業，書寫英文都用大寫字，一筆不苟；吳是北京輔仁大學畢業，所寫英文函稿，可以用龍飛鳳舞來形容。

胡旭光局長雖僅是空軍少將，但為各級層峯所器重，他擔任先總統蔣公的軍事翻譯人，俞大維部長與美軍顧問團長及美軍台灣協防司令會談時，他擔任記錄，每週六下午他陪同彭孟緝總長與美軍顧問團長及協防司令打高爾夫球敘聯誼。此外，彭總長及三軍總司令宴請外賓，或美方宴請中方將領，他們夫婦常須作陪，甚至外交部舉行的酒會或宴會，也有他的身影；因此，晚上也很忙碌，幸虧他才四十多歲，正值壯年，尚能應付此種繁劇工作與應酬的壓力，但也種下了病因。他在1977年59歲時，於駐美大使館公使任內心臟病突發，送醫急救，在加護病房治療及觀察達兩週之久，俟病情獲得控制後，他在家療養約兩個月，始恢復半日上班，但健康已大不如前。1978年12月中旬，他在中（台）

美斷交，沈劍虹大使奉召回台後，代理大使職務，忍辱負重，處理斷交後的館務，辛勞備至。1985年6月26日在洛杉磯參加大兒子婚禮時，心臟病復發而不治，時年六十八歲。

當年美軍顧問團團本部設在位於總統府的國防部二樓，連絡局局長室及副局長室設在顧問團的對面，方便連絡。在我任職四年期間，顧問團長先是戴倫陸軍少將（General Daylen）後為桑鵬空軍少將（General Sanboum），戴倫儒雅內斂，桑鵬則瀟灑幽默，他們有急事時，常會走進局長室外間問我S.K.在不在，而胡局長也會隨時進入他們的辦公室，可見彼此之間的默契和公誼私交之深，也足證當時中美軍事合作無間。有一次桑鵬團長一早上班進入局長室，我立時起立說：「Good morning, General（將軍早安）」，他瞪我一眼說：「What's good about it？（有什麼安好？）」但見到我肅立吃驚的樣子，就噗聲一笑說道：「I am kidding.（我是開玩笑的）」

美軍顧問團團本部的美軍軍官大都非常優秀有禮，只有兩三位軍官偶爾失諸傲慢，其中以戴倫團長侍從官華裔美人伍上尉最為典型，雖然他能講一口標準國語，我們都以英語交談，但無論是在電話中或是彼此至對方的辦公室洽公，他有時會打些小官腔。有一次他和我洽公時，在我辦公室一再強調we⋯⋯（我們美方）和you⋯⋯（你們中方）時，我忍不住回敬他說：「You don't have to say "we" and "you", we are in the same building and work for the same goal.（你不必強調「美方」和「中方」我們在同一棟大樓為同一目標而工作）」。但是偶爾他會笑臉進入我的辦公室稱呼我「老仉」並用國語交談時，我立時驚覺，知道他必有所求，而且多半是私事。

團長室前後兩任禮賓官Ricardo上尉和Johnson上尉與我私交最好，無話不談，團長和參謀長兩位女秘書也彬彬有禮，稱我為Commander Chang（仉少校）。最有趣的是辦理總務的Biage上士，他是義大利裔美國人，個子不高，但幽默風趣，常來我們辦公室「秀」他的中國話，講得最道地的是「妹妹，我愛妳」，引得我們笑痛肚子。團長室偶爾在星期五中午，由中校參謀主任帶頭，在國防部附近的四川餐廳聚餐，因下午要上班，故不喝酒，有時會邀我參加，結帳時大家各掏腰包分攤餐資，我是客人故免費。有一次他們邀我搭乘他們的公務車，去台北松山機場送別同僚，五個人擠在車內一路談笑，忽然有人談到好萊塢名女星伊麗莎白‧泰勒又離婚了，大家開始計算她的離婚次數，Biage上士又發表宏論言道：「For me, once is more than enough.（對我而言，一次已夠多了）」其他男士們都附和稱是，惟一的一位女士，團長室女秘書嗔笑說：「Hey guys! that's too much!（嗨，老兄們！你們太過份了吧！）」。

1965年夏，胡旭光少將奉調行政院駐美採購團軍資組組長，他徵得海軍總部的同意，簽請並奉准調我赴美國華府工作，此時我已晉升為海軍中校。

回顧將近半個世紀以前的國防部連絡局生涯，當年同甘共苦的戰友而今都已是七、八十歲，已垂垂老矣，而人世滄桑，許多令人敬愛的老長官大半均已離世，回思往事，不無感慨。

寫於2008年3月

15
越戰──美國兩代人的創痛

　　自1961年5月14日美國特種部隊介入越戰，至1975年4月30日，
美軍撤出越南，越戰歷時十四年，是第二次世界大戰以後持續時間
最長，最激烈的大規模局部戰爭，在越戰中，美軍傷亡三十四萬餘
人，損失飛機和直昇機四千餘架，耗資二千多億美元，這是美國歷
史上第一次吃了敗仗。

　　越戰嚴重地影響了美軍士氣，因為在兩次大戰中，美國最後都
擊潰了強大的德國和日本帝國的軍隊，不但挽救了世界，而且在佔
領德國和日本時期，以強制性的再教育澈底改造了德、日兩個民族
的軍國主義思想，建立了英、美式的民主政治體制和資本主義自由
經濟制度，促進了戰後的經濟繁榮。因此，美軍傳統上都以美國建
國（1976年立國）二百多年來，在世界上未嚐吃過敗仗的常勝軍為
傲，可是在越戰中被衣衫襤褸，裝備落後的北越軍隊打敗，更慘的
是美國駐越大使竟在北越軍隊攻入西貢後，搭乘直昇飛機，倉惶辭
廟，撤至海上的航空母艦。

　　1961年～1965年期間，我在國防部連絡局局長室擔任侍從官
工作，業務上常與美軍顧問團團長室和美軍協防部司令室的侍從官
及禮賓官打交道，彼此相處融洽友好。當年協防部司令的年輕海軍
中尉侍從官，一位海軍航空隊的飛行官，奉命調至越南，幾個月後

傳來他在北越上空遭擊落陣亡的噩耗，令台北的老友們聽了心中辛酸，因這位海軍中尉年齡只有二十五、六歲而已。

此期間，有一位禮賓官詹森上尉（Captain Johnson）與我很有交情，後來調回美國。1967年，我在華盛頓行政院駐美採購團軍資組工作時，他從越南戰場倖存返美，駐防維吉尼亞州南部陸軍基地，該時他已升為少校，打聽到我的地址、電話與我連絡上。不久他帶著他的士官長，開車八小時來華府與我見面，相聚甚歡，酒足飯餘之後，詹森少校從口袋中拿出電話小本，與一位在五角大廈國防部擔任女秘書的未見過面年輕女孩通話，約定前往她的公寓見面。於是我們三人帶了一瓶威士忌酒前往拜訪，她與同房間的女伴親切地以小點心招待，我當時目睹從戰場上歸來的軍人，在與女性溫柔細聲的交談中，整個人鬆懈下來的神情。

1965～1968年，我在華盛頓工作期間，親眼見到美國年輕男女反越戰的激烈情景，他們自稱為flower children，美國嬉皮世代於是產生。最初他們聚集在離我工作地點的R街，只有五分鐘步行路程的杜邦圓環，他們頭戴花環，手拿著一朵花，有時有人演講，或是齊聲輕唱著民謠，最後演變成數萬大學生及嬉皮包圍五角大廈和平示威，電視鏡頭上頻頻出現男女嬉皮手拿著一朵花，面對肅立五角大廈門口的衛兵面前獻花，他們的口號和標語是「make love, not war」，最激烈的言論是「You cannot trust anyone over thirty」。

越戰時代，美國採取徵兵制度，因此許多十七、八歲的青少年被徵召從軍，送至越南作戰以及陣亡，令父母、妻子和情人悲痛之至。此外許多越戰歸來的軍人患有戰後創傷症，有一次我在華盛頓華特李（Walter Reed）陸軍總醫院醫治牙病，候診時與一位越戰歸來的軍中牧師交談，他告訴我許多越戰軍人患有憂鬱

症，他本人也患此症，但是藉著輔導病患，他同時也在療傷止痛，醫治自己的憂鬱症。1980年我在華美企業擔任海外開發公司總經理，曾經接待一位美國公司的高級主管，有天晚上在當年著名的統一大飯店酒吧，陪他飲酒閒談，他告訴我參加越戰後歸國，因患戰後創傷症，每晚都會作噩夢驚醒，一直至結婚成家後才逐漸恢復正常。

反越戰的最高潮是1969年夏天在紐約北部白湖，舉行的胡士托音樂節，據稱從美國各州湧進白湖的嘻皮達數十萬人之多；嗑藥、吸毒、雜交和同性戀都是公開出現，連警察都縮手無策。為了紀念胡士托音樂節四十週年，美國華裔著名導演李安，拍攝了一部「胡士托風波」的影片，在全球同時上演，我已觀賞過此片，深深感到了震撼和感動。

越戰一代的美國人如今都已是花甲之年，大部份已經退休，我深信他們在驀然回首之時，都心生「此身尚在猶驚」之嘆吧！

越戰打了十四年，因此越南和北越軍隊是二次大戰後全球最饒勇善戰的軍隊。爾後統一的越南與中國發生了邊界衝突，鄧小平說要教訓他們，於是中國出兵，大軍浩浩蕩蕩一路打到骨壅平原，卻中計被越軍以袋形陣地包圍，急忙狼狼撤退，以保全實力。

今日的越南已走出冷戰時代的思維，開放外人投資，其中最大的投資國家是美國與中國，當年繁榮的西貢已改為胡志明市，其繁榮程度已超越過去。越南人口為九千萬，人民勤勞刻苦，未來的發展無可限量，無疑的未來越南在東南亞國家中，將扮演一個舉足輕重的角色。諷刺的是當今美國是最大的資本主義國家，中國是最大的社會主義國家，但是中國擁有全球最高的外匯存

底，而且還是美國最大的債權國家，中國的名諺，「長江後浪推前浪」，誠非虛言也！

寫於2009年6月

16
行政院駐美採購團

1965年10月初，我抵達美國首都華盛頓，向行政院駐美採購團軍資組報到，它位在華府西北區的大使館區「R」街，路口右轉就是中華民國駐美大使館所在地的著名麻省大道，對面就是三軍武官處，接洽公務只需五分鐘的步程，非常方便。當年駐美大使是周書楷大使，海軍武官是鄒堅上校，周大使後來曾任外交部長，鄒武官在英國接艦時任「重慶號」的艦腹中隊上尉隊長，後來逐級升任海軍總司令及駐韓國大使。

行政院駐美採購團總部設在紐約市區，所屬中油、台糖及招商局等採購單位，均在紐約總部，惟負責軍品採購的軍資組設在華府，方便與五角大廈的國防部及陸、海、空軍總部接洽業務。其實美援中的經援部份己中止，大部份軍援贈予也已結束，因此三軍的美援艦艇、軍機和陸軍的武器裝備等後續組件及零配件，都需向美軍採購，稱為「軍售」。因此軍資組的主要工作是依三軍總部需求和指令，負責辦理與有關單位詢價、訂約、交貨、船運、保險等繁雜業務，一切交易都以現金支票支付。

軍資組下分陸、海、空、聯勤分組，各與其所屬軍種總部直接連繫，及與美軍有關軍售部門或民間廠商辦理簽約和交貨事宜，但所簽支票必須再經軍資組組長簽署；對國內正式行文，須經由我保管的圖章蓋章，故雖是分層負責，但組長胡旭光少將能確實掌握

全部採購業務。惟因1968年代國家財政困難，外匯拮据，故駐外人員儘量減少，薪資甚低，軍資組組本部僅胡少將與我兩人，陸軍分組為上、中校各一人，海軍分組為上校一人，空軍分組為上校兩人，聯勤分組為上校一人，共計軍官八員，同時僱用女性秘書共計三員，其中聯勤分組雇員尚須兼胡組長的秘書。此外，半日工一人專任清潔工作及來往郵局取信與發信等雜務，因此大家工作很是忙碌，並以空軍分組最為繁忙，常在週末加班。

我的工作是負責處理軍資組與台北國防部往返函電，及胡組長與美方往返函件。此外，我須經辦財務、譯電、總務、辦公大樓管理等一切雜務，以及與駐美大使館和武官處的連絡事宜，同事們戲稱我「大總管」，因為我並不經辦任何採購案件。

軍資組最初只有陸、海、空軍分組長各一員，軍資組組長由行政院駐美採購團團長兼任，當時並無任期規定，後來因軍援改為軍售，業務量大增，故國防部在1965年中擴編軍資組，指派胡光旭少將為專任組長，另增派空軍上校一員、聯勤兵工上校一員，陸軍中校一員與我共四人，任期規定三年，都不准攜眷赴任，因此我們都分別住在辦公大樓的三樓及地下室，與廚房及衛浴室為鄰，大家都極少外食，自炊準備三餐，儘量節省生活費用，定期匯款家中，改善妻兒生活。

當年國防部部長為蔣經國先生，胡組長是其親信，因此他在華府除軍事採購工作外，常與過去在台灣歷任美軍顧問團團長，美軍台灣協防部司令，以及曾任美國駐華大使館資深外交官員保持連繫和應酬往來，有時台北方面高層人士訪問華府，因身份敏感，常不經由大使館而由胡組長出面安排。此外，周大使常應邀至美國各州演講，介紹台灣軍、政、經現況，有時周大使在邀訪函上批註：

「旭光兄，有興趣否？」因此，胡組長也必須經常出差演講，於是S. K. Hu大名在當年華府是相當響亮的。

因為從小就喜歡讀中外文學及歷史，我在華府三年期間，就讀馬里蘭大學夜間部自由選課，勤讀不綴，平均每學期選修兩門課，共計六個學分，每週兩晚上課，每次三個小時，同學都是白天工作約三十歲左右的各行各業人士，大家都非常用功。我選修了英文寫作6個學分，美國史15個學分，美國政府及比較政府6個學分，國際法3個學分，共計30個學分，全部是大學本科的課程，扎扎實實地為自已奠定了英文寫作的根基以及深入美國政治和歷史的研究，從此不但擴張了我的視野，更幫助我大膽走向往後人生各階段的辛苦而曲折的歷程。

因此，華府三年的單身生活可說是相當忙碌和緊張，但相對也少了不少思家之念。週末時間多半是在苦讀和撰寫讀書心得及各科報告，偶爾會應友人之邀約，打場小牌和打牙祭。還有就是接待蒞臨華府公差或來美國受訓及留學的軍中老同學和老同事，除導遊華府名勝外，偶爾還須開車一個多小時去巴爾的摩市觀賞脫衣舞。有一次參謀總長應邀訪問華府，正式晚宴未邀隨員，故我應這位海軍學弟之請，陪他前往巴市開開眼界，午夜時分開車返華府，已是大雪紛飛，只得小心翼翼減速開了兩個小時，始抵華盛頓，而這位學弟卻在有暖氣的車上呼呼大睡，顯見在旅途上侍候長官是多麼的勞累。

1960年代初期是美國在二次大戰後最充滿希望與改革的年代，代表新世代的約翰、甘乃迪當選總統，時年43歲，為美國有史以來最年輕的總統。1963年6月，美國黑人民權運動領袖馬丁路德、金恩牧師在華府林肯紀念堂台階上發表了著名的〈我有一個夢想〉

（I Have a Dream）演講，他以感性和抑揚頓挫的聲調，向美國人民呼籲，黑人應在憲法上與白人一樣能保證擁有「生命、自由、追求幸福的權利」，金恩牧師並在演說中途向美國聽眾連續呼喊，提出七八次的「我有一個夢想」中的感人肺腑的不同主題，令人聲淚俱下，並使萬人群眾激奮如狂，跟著呼喊。這句名言觸動了全美國人民的良心和良知，故在1964年，憑著魄力和政治手腕，詹森（Johnson）總統在國會推動並通過了著名的〈民權法案〉，在法律上消除了美國的種族歧視和種族隔離。令人痛心的是甘乃迪總統於1963年遇刺身亡，1968年馬丁路德、金恩博士也遭槍殺身亡，迄今為止，美國仍是文明國家中惟一公開自由買賣槍枝的國家，實在匪夷所思。

1960年代後期，美國年輕人因為反越戰，演進為反政府和反傳統，甚至高喊：「你不可信任任何三十歲以上的人」。著名的加州柏克萊大學開啟了罷課、示威及包圍學校辦公大樓等激烈學生運動，不久就似野火般地蔓延至全國大學。華盛頓則是學生萬人包圍五角大廈國防部，要求停止越戰，其中許多嘻皮高舉寫著「We make love, not war（我們做愛，但不要戰爭）」等字的標語牌，大聲喊口號和唱反戰民歌。當時英國披頭四的搖滾樂曲盛行，走在馬路上常看見長髮及穿著披頭四服裝的年輕人。

1966年中國大陸掀起了一場史無前例的文化大革命，令全世界為之震撼，美國新聞界左翼人士熱烈呼應，自由派人士也慎重地大幅度報導，認為古老的中國興起了思想和靈魂的澈底覺醒和革命，乃是人類史上一次偉大的實驗（a great experiment）。當時課堂上教授也發表看法，並要每個學生表示意見，非常熱鬧，當然他們對我的論點自然寄予厚望，我不加思索地直接表示：「人類不是白老

鼠,不能作為實驗,因為每個人的生命只有一次,美國人可以隔岸看火,但不應該鼓掌叫好。」後來紅衛兵的文鬥、武鬥、血腥遍地,和人手一本毛語錄的揮舞狂吼,又一次令全世界為之震撼。

寫於2009年11月

17
難忘的1968年

　　1968年是我在華盛頓駐美採購團軍資組服務的最後一年，轉眼間1968年已走過了40年的歲月，那是一個劃時代的狂飆年代，也是一個風雷激盪的時代，從中國大陸紅衛兵的「造反有理」及血腥武鬥，到捷克的「布拉格之春」，從美國黑人民權運動領袖金恩牧師與民主黨總統初選侯選人羅伯・甘乃迪的相繼遇刺身亡，全世界都在狂動，只有戒嚴時代的台灣最安靜和安定。

　　1968年美國正捲入一場找不到盡頭的戰爭，美軍人數急速增加，越共於元月底發動春節攻勢，越戰急遽升高，身心俱疲的強生總統宣稱不參加1968年美國總統大選；東山再起的尼克遜進入了白宮，越戰一直拖到1975年的春天。然而，40年後的今天，美國又發動一場完全沒有必要的伊拉克戰爭，使生靈塗炭，豈非「江山代有蠢才出，各誤生民數十年」。

　　回顧1968年，最早的動亂發生在3月間的「布拉格之春」，令全球矚目和驚訝，但不久蘇聯的軍隊與坦克進入布拉格，讓人見識了蘇共帝國對社會主議兄弟國家的殘暴，以及東歐國家人民的覺醒和思變。

　　同年4月4日，美國黑人民權運動領袖馬丁、路德、金恩牧師慘遭槍殺，震動了整個美國社會，消息傳來，美國110個城市爆發黑人暴動，造成39人死亡及數千人受傷，其中以華盛頓市內黑人集

結區的商業大街14街大火焚燒及打劫最為猛烈，次日各報封面頭條「十四街在烈火焚燒中（Burning of the 14th Steet）」，令人驚心動魄。當時我留在宿舍內觀看電視暴亂景像，有如末日之來臨，估計全美各地黑人上街暴動當有百萬之眾。

1968年5月間，法國學生對既有社會體制不滿而示威，並在巴黎左岸各街道設立障礙物，與鎮壓警察對持抗爭，不久星火燎原，引起全國各地罷工風潮，幾使法國癱瘓。當時因受中國大陸文化大革命的影響，法國左翼包括馬克思派、托派、毛派及無政府主義者的思想及言論，煽動了法國人民的自覺，普遍對既有體制不滿及抗爭，要求政府改革，提供法國人民一個更公平的未來。

然而，歐洲與美國的1968年經歷極為不同，因為歐洲人民的抗爭和歐洲政府的反應，雖是相當激烈，但未嚴重至你死我活的爭鬥地步，儘管在法國仍有上千人的受傷與拘捕，但未有一人死亡，令人敬服。

1968年6月4日晚上，美國民主黨總統候選人勞伯、甘迺迪於贏得最重要的加州初選後，遭受槍殺，二天後不治死亡，再一次震撼了美國人民，大家在悲痛驚恐之餘，彼此問道「美國怎麼變得這樣？」我走在華府市區街上，校園中及辦公室內，我都感到瀰漫著一股不安和無助的氣氛，美國人民的自信和樂觀也跌到了谷底。

1968年9月勞動節的週末發生了另一重大事件，幾已為世人所遺忘，當時約有100個美國婦女在大西洋城海濱舉行的「美國小姐」競賽時，在場外舉牌抗議，開啟了「婦女解放運動」的先聲。她們準備了一只「自由垃圾桶」，紛紛將象徵婦女被壓迫的束腰、奶罩及女秘書用的速記簿等物投擲進桶。從此，「婦女解放運動」

在全美國大城小鎮蔓延發表，嗣後此等活躍分子被稱為「女性主義者」，蔓延至全球。

1968年看似遙遠而淒迷，其實它無所不在，它並沒有消失。對美國而言，當今民主黨總統侯選人希拉蕊參議員和美國首位黑人參議員歐巴馬對決新罕布夏州初選後所迸發的女權與民權（黑權）爭議，即起源於1960年代，而以1968年臻於高潮。民權運動與女權運動在1960年代形成兩股波瀾壯闊的時代巨流，並在日後獲得重大而深遠的成就。此外，不少在1968年流過血、坐過牢的鬥士，仍繼續為民權、女權和環保運動而賣力，他們都已從當年在體制外抗爭走進了體制內從事改革，但他們仍未完全放棄1960年代的進取精神。

對我個人而言，1968年是我在華盛頓工作及在馬里蘭州立大學夜讀選修文史課程的最後一年，在美國工作三年及苦讀三年，我已經溶入了美國社會，認識了世界也認識了自由和民主的真諦，因之也瞭解了中國大陸的獨裁專制和台灣威權體制的本質，開啟了我獨立思考的空間，以及探討未來的生命旅程的發展。

可是1968年的春節也留給我刻骨銘心的回憶，大年夜的下午5時左右，我燒了茄汁大蝦和紅燒牛肉兩菜，正準備啟程去朋友家吃年夜飯和雀戰通宵，突接曾在我們辦公室打工的一個女留學生的電話，她叫了一聲「仇大哥」就泣不成聲說：「我們幾個女生正在包餃子準備過年，大家談起在台灣過年的熱鬧情景，說著說著就哭成一團了……」我聽了心中很淒傷，馬上告訴她我在一個小時內會趕去探望她們，立刻我就打電話找到在馬里蘭大學附近的男生，我問他目前在做啥？他說正準備涮鍋子吃年夜飯，我問他房中有多少同

學，他答道共有四人，我急道不要走開，半小時內我來接你們請你們吃年夜飯。

當時我用袋子裝了兩盒大菜和威士忌洋酒一瓶，駕車直奔華府與馬州交界的陳舊社區，接了四個男生再駛回華府市內陳舊社區，幾個中國女生擠身在一幢舊樓的二樓，一見我們的抵達，立刻轉悲為喜破涕而笑。大夥兒一起喝酒，品嚐我的拿手菜，吃包得很差勁的餃子，然後大家一起唱流行歌曲，說笑話，講故事及回憶台灣各地的風味小吃，男生還暢談服兵役時的糗事及教練班長的狠罵，我以破嗓子唱了兩首老歌〈畢業歌〉和〈漁光曲〉，讓後生小輩們見見世面。大家開心到午夜，一瓶烈酒喝光，男生半醉，女生也微醉，只有我清醒，因為我還要開車送四個男生回家。

送完男生，我獨自駕車返華府，突然感到一陣曲終人散的淒涼，抬頭仰望天空，雪後初晴，滿天星斗，馬路兩旁的積雪反光，更顯出今夜星光燦爛，馬路上車輛稀少，更顯得自己的孤獨，一時悲從中來，深深思念在台北的妻女希瑛和小娟，熱淚盈眶，不能自制。

1968年10月中，我三年任期屆滿，返至台北與妻女團聚。

1968年元月，我在美國晉升海軍上校，一個未曾擔任過艦長的「旱鴨子」海軍上校，那一年我剛進入不惑之年，也40歲了。

1990年代我擔任中歐貿易促進會秘書長時，某一年的小年夜，我應國科會之邀請，參加一場專為歸國講學學人舉辦的年夜飯，有一對看似面熟的學人夫婦，滿面笑容迎上前來，倆人分別抓住我的手，興奮地叫我「仇大哥還記得我們吧？」我一時想不起來，他們同時大聲說：「還記得1968年的年夜飯嗎？」立時我就緊緊擁抱他們喃喃言道：「我當然記得，永遠記得……」當我仔細端詳這兩位

美國名校化學教授，他們也兩鬢灰白，過了五十歲了，而我則已六十多歲矣。

　　不同的時代各有不同的面貌和特質，站在2008年回顧1968年，那真是一個遙遠而感傷的年代！

寫於2008年12月

18
海軍總部

　　1968年10月中，返抵台北，奉派在老單位國防部連絡局工作，再與老同事相聚共事，心中愉快之至，可惜好景不常，兩個月後就被老長官馮啟聰總司令調至海軍總部出任外事連絡室主任，負責外賓接待的禮賓事務，想不到離開海軍將近八年，又調回海軍工作，心中戚戚然。

　　回到海軍總部後，再度見到不少老長官，老同學和在兩棲部隊共事的高低班同學，也是一樁樂事，因此在初時我的辦公室中有不少老友來訪和話舊，我也開始熟習海軍中的發展情形和老友們的近況，備感溫馨。況且當時總司令馮上將和軍令副總司令崔志道中將均曾任兩棲部隊司令，軍政副總司令宋長志中將，曾任登陸艦隊司令，參謀長牟秉釗中將曾為兩棲部隊副司令，都是我在兩棲部隊工作七年時期內的老長官，因此，我在工作上可說是得心應手。

　　我在海軍總部擔任外事連絡室主任時，外國駐華大使館中軍事武官，以美國、日本、韓國、越南、泰國、菲律賓等國與我交往較多，常須參加他們舉辦的酒會或飲宴，故晚間應酬頗多。我在9個月任內有兩件大事值得一提。1969年中，日本數艘軍艦訪問台灣，艦隊指揮部呈報總部的接待計劃，我詳細審閱，心中深覺接待規格超過國際禮儀，歡迎酒會等飲宴規模過大，因此簽註意見，核改了一些接待方式和預算，後來馮總司令在接待外賓晚宴時向我表示艦

隊指揮官最近來台北公差時向他訴苦，對「我」核改經費之事，深感不滿。馮公對他說，他自己曾詳細審閱此項接待計劃，認為外事連絡室所簽註意見很是正確，公事是他親自核定批發的。此事不久後，我去作戰署洽談公務，遇見從夜車北上前來總部開會的艦隊指揮部參謀長與作戰處長，他們是我的老艦長與副艦長，當年對我很好很愛護，七、八年未見，我熱情地上前敬禮並問候兩位老長官，豈料老艦長對我瞪了一眼，只「噢」了一聲，老副長冷淡地對我點頭，不出一聲，當時我心中涼了半截，在其他人略帶驚訝的目光中，訕訕而退出，難過了好幾天，事後虛心檢討，是我違背了海軍論資排輩的傳統（或是陋習），不該核改經費。

第二件大事是1969年夏，越南總統阮文紹訪問台灣，並赴南部左營港外參觀兩棲演習登陸，當時我是海軍總部的主辦官員，外交部禮賓司典禮科劉瑛科長為主辦官員，我們常在電話上洽談阮文紹總統訪華在海軍的接待禮儀事宜，後來我們在左營西碼頭後面的登陸演習沙灘上見面，彼此相視，覺得非常面熟，原來我倆在1955年同在兩棲訓練司令部服務，他是海軍少尉編譯官，大學畢業後在海軍服兵役，我是留美回國的中尉教官，我們同住在一棟簡陋的單身軍官宿舍。劉瑛兄是外交部的江西才子，歷盡被整和修理的劫難，但他卻先後出任兩次駐約旦大使和駐泰國大使，前幾年他退休後出版了「您好，大使閣下」一書，並致贈我親筆簽名書，我讀後大為感動，並在謝函中道：「劉瑛兄啊！您總算熬過了40年，修成正果，如今暢所欲言，一吐積鬱，為歷史留下了見證……」。他的書就擺在我案首，每當我寫此書論及人和事時，就有點謹小慎微，下筆猶豫起來，常會翻閱他的奇文，使膽子大一點。有時仍然放不開，再去細讀前外交部錢復部長所作的序為自己壯膽。錢部長的序

1969年與妻女合影。

中說：「……劉瑛兄很厚道，在書中只有點到為止。外交部在人事作業上一向欠缺人性化，我自己在民國50年由美國讀書結束回國時，就受到外交部人事單位刻意的打壓。」想及錢部長和劉大使在民國40年代服兵役時都是少尉，我在軍中官拜上校退役，職業軍官的膽子居然比他們小得多，真是慚愧。所以我決心鐵了心要將我離開海軍的心路歷程寫下來，以誌記念。

　　回到海軍總部工作，首先感覺的是高年班同學對我的側目而視，除了少數幾位高班老同事和在青島時混合編隊熟悉的人仍對我友好外，一般很是冷淡，大概覺得我是空降部隊罷，甚至有一位高我三班的學長在廁所裡相遇時，居然板著臉對我說：「仉家彪，你很有辦法啊！」當時甚覺不解，心想外事連絡室主任的編階是上校，而我上校已進入第三年；此外，外事連絡工作我連續幹了10年，包括在美國工作三年，當時海軍中並無一人外事經歷比我更久。問題很是明顯，因為當年高班同學中還有人在海軍總部擔任副組長，甚至中校參謀，當然看我不順眼。

第二個原因是1969年6月中陶聲洋先生接李國鼎先生出任經濟部部長，他的機要秘書嚴孝京女士與我曾在國防部連絡局局長室同事，她來電話要我幫陶部長寫封挽留當時駐美大使館公使銜經濟部參事王蓬先生的英文信，並說明他倆當年同在美援會同事，豈可不念友情辭職，嚴大姊叮嚀我這封信要以老友情誼挽留王蓬公使，我還戲言當年我是情書專家，「動之以情」不論是英文或中文，我都是拿手。後來因為這封信挽留住王蓬公使，陶部長邀我去經濟部一談，當時是7月中，我對海軍還未灰心，向嚴大姊婉辭說：「陶部長要的是英文秘書，我不適合，也無興趣。」但8月中嚴大姊再來電話說：「陶部長只想和你談談，你不要再搭架子好不好？」我就穿著軍服去經濟部，陶部長熱情接見，同時在場者是陸潤康主任秘書（多年後出任財政部長，目前主持律師事務所）。陶部長寒喧過後問我多大年齡，我答稱40歲，陶部長即對陸主任秘書說，仉先生40歲是最好的年齡，遂即懇切地告我：「仉先生，你先幫我兩年，我會培植你去國際貿易局發展。」這是我生平第一次感到受寵若驚，不知如何答話，陶部長接著問我，調職之事要不要由他向當時國防部副部長馬紀壯上將情商，我直覺地表示不需要，還是由我自己親向馮啟聰總司令報告。辭行時，陶部長很客氣送我至辦公室門口，並為我開門。進入秘書室後，嚴大姊不懷好意地笑著消遣我說：「家彪，我邀你來只是和陶部長談談，你自己作了什麼承諾，不關我的事噢！」我只能苦笑而返海軍總部。嚴大姊和其丈夫姚兆元空軍上將生前對我親如弟輩，照顧備至，偶爾牌搭子缺人，還邀我去他家與三位空軍上將雀戰。今念及兄姐輩故友，仍黯然神傷不已。

返家後和妻子希瑛商量，她並不贊成我離開海軍，因為她嫁的是海軍軍官，但是我不忍告訴她在海軍總部所受的委屈，就自作決定了。次日我面報牟秉釗參謀長，牟公嘆了一口氣表示，總司令聽了一定很不高興，然後他又對我說：「你知道嗎？陶部長還不到50歲，是各部會中最年輕的部長，將來有可能出任行政院院長（果然他病逝後繼任者孫運璿部長在數年後升任行政院院長），因為台灣經濟即將起飛。」說完後又嘆了一口氣說：「家彪，你先回去吧，一切交給我辦。」

　　過了幾天，總司令辦公室來電話總司令召見，我懷著一顆忐忑不安的心，進入總司令室，當時牟公也在場，馮公板著臉不說話，牟公說：「家彪，你自己向總司令報告吧。」於是我急急巴巴地將經濟部陶部長約談的經過相告，馮公板著臉一句話也不說，稍頃牟

1976年陪同美國會議員拜會行政院蔣經國院長。

公說:「你先回去吧。」一個小時後,參謀長室來電話牟公召見,抵達時人事署楊署長已在場,楊署長告訴我請經濟部去函國防部徵調,副本抄送海軍總部即可,爾後國防部來文海軍總部徵得同意後,再發表准予我外職停役調經濟部的人事命令。待公文程序完成後,牟公要我推薦接任人選,我毫無疑慮地建議高我一班的柏光華學長,因為他由駐日本副武官返任在國防部上班,之前擔任馬紀壯副參謀總長的侍從官,國防部人脈豐沛,人緣極佳,牟公當即認為是最佳的繼任人選,雖然柏學長與馮公及牟公從無部屬淵源,可見他們倆位前輩的寬宏胸襟。

然而我與柏學長交接完畢,並重疊一星期,帶他四處拜會熟習環境及進入情況後辦理離職手續,並向各位長官一一辭行,最後向總司令馮公辭行時,他倒沒有板著臉,只是輕描淡寫地說一句:「你急什麼?好好辦交待。」我不敢說什麼,敬禮後即刻退出,再去請示牟參謀長,他笑說:「你再留一個星期就去經濟部報到吧。」我傻傻地再請示牟公,屆時需不需要再向馮公辭行?他大笑說:「不需要了,你再辭行,也還是會說,急什麼?」

牟秉釗中將當年曾在英國皇家海軍大學攻讀數年,中英文俱為上乘,重慶艦接艦時他是少校航海官,航行中他就住在駕駛台下層的海圖室,以便隨時有情況時可立即登上駕駛台。有一天我輪值夜更,聽到廣播器喊叫當值的魚雷兵立即去海圖室,原來室中電燈熄滅,我花了五分鐘找出故障原因,即時修復。牟公看到我瘦小怯生的樣子,和氣地問我姓名,並問我的年齡,我答以我已十八歲,他驚訝地說道:「啊,你十六歲就當兵了!」從此他記住我的名字,當他出任兩棲部隊副司令時,我擔任外事連絡官,他見了我還叫得出我的名字,真是有緣。

遺憾的是邀我去經濟部工作的陶聲洋部長於9月中因癌症不治，由交通部孫運璿部長接任經濟部部長，他不帶一個人到任，嚴孝京大姐留任機要秘書。

　　十月中我至經濟部報到上班，以顧問職務擔任部長英文秘書兼國際合作業務，展開了我於40歲離開軍職後另一個全新的人生歷程，是凶是吉？迄今難以認定！

寫於2009年11月

··

台灣經濟起飛的一刻

19

經濟部

　　1969年10月間，我向經濟部報到，開始了公務員的生涯，從軍官轉為文官，對我而言，並不困難，因為我天性缺乏軍官的威嚴，而且艦上帶兵經驗只有兩年左右，其餘十五年海軍軍官生涯，都是教官、參謀、外事連絡官等非主官職務。然而，究竟從1946年2月考進海軍學兵大隊，以迄1969年10月離開軍職，我在海軍中服務將近24年，獻出了一生中最好的歲月，因此在最初的半年中，很有失落感和孤獨感。

　　但是一種完全解放和自由的全新感覺卻油然而生，因為我驚喜地發現從此以後不須要再穿制服，不需敬禮和被敬禮，更不需要論資排輩而要靠自己的實力，最重要的是從此不需要「絕對服從」，我完全是一個自由人，惟一的缺陷是，從此開始我就是一隻「孤鳥」，因為除部長機要秘書嚴孝京大姊外，我一個熟人也沒有。

　　當時經濟部孫運璿部長，曾任交通部長，聯合國邀聘之奈及利亞電力公司總經理，台電電力公司總經理等職務，抗戰勝利後他是最初來台灣接收及重建台電的總工程師，政務次長張研田先生曾任台灣大學農學院院長，為台灣當年著名的農業經濟學者，主管工業的張光世次長是石油化學專家，主管貿易及商務的汪彝定次長是外貿專家，並兼任國際貿易局局長。

如今回顧當年經濟部部次長的陣容，可謂一時俊傑，學經歷和人格特性也可稱是後輩們難望其項背。因此台灣的經濟起飛也是從那個時代開啟新頁，而當時行政院嚴家淦院長的慧眼識英雄之功實不可沒。其實我的主要工作是擔任孫部長的英文秘書，除撰擬部長與國際人士的往來信件外，尚須負責核改經濟部所屬各單位擬稿以部長名義發出的英文函件，但此類英文函件仍須經由主管的次長核閱，因此也常受三位次長的垂詢，不久汪次長要我兼任國際貿易局的英文顧問，想不到先後就幹了20年。今日回憶當年我有幸進出四位長官的辦公室，他們留給我最深刻的印象，都是洵洵然君子，雖然性格迥異，但相敬如賓，無私無我。孫部長是急性子，張研田次長是學者型，張光世次長是慢性子，常常公文堆積如山，汪次長是才子型，具法學背景，常為報紙撰寫社論。

　　當年公務人員待遇甚低，一流人才都出國留學，其次也都在公民營企業發展，比較能留住人才的政府單位就是美援機構，美援停止後，原來行政院美援會改組為行政院國際經濟合作發展委員會，由嚴家淦院長兼任主任委員，實際主持人為兼任副主任委員的經濟部李國鼎部長。當時經合會負責國家經建計劃和國際合作；經濟部則主管農、工、商、礦及水利等業務，由李國鼎部長統籌指揮，該時經合會職員的平均薪津約為經濟部工作人員的三倍，但不屬公務員的文官系統，均為約聘人員。由於李部長直接主管此兩個單位，因此凡屬國際合作、接待外賓及與國際人士來往英文函件，均由經合會的國際合作處主辦，嗣後李部長調任財政部長，因此經合會不再兼管經濟部的涉外業務，但仍協辦部長級的雙邊經濟合作會議。

於是我就成為經濟部內獨一無二的英文工作人員，很受注目，又因為我的底缺是經濟部國營事業委員會十三等顧問，因此我以40年歲的年紀就被稱作「仉顧問」，令我飄飄然。有趣的是我因在美國華府工作時在馬里蘭大學夜校攻讀文史課程，所有讀書心得和報告必須打字，故已練就在英文打字機上直接撰寫報告的習慣，因此我這一特技在經濟部很快傳開，許多年輕同仁都來我辦公室看我在打字機上撰稿，不多久就結交了不少年輕朋友，他們都是經過高等文官考試的優秀青年，好多位都是研究所畢業的碩士，後來在經濟部所屬各單位都位居要津。

　　七、八年前我應邀在蘇黎士保險公司擔任高級顧問，一位協理來和我聊天，提到當天中午和其同學經濟部商業司劉司長餐敘時提及我，劉司長聽到我的近況很是驚喜，並說：「仉顧問是我們經濟部前輩中的前輩」，聽了這句話，我心中舒暢了好幾天。當然我也記得這位劉君，記憶中他似乎對我的助理某小姐頗有興趣，不過這也是將近40年以前的往事矣！

　　除了英文撰稿工作外，我還擔任外賓接待工作，本來經濟部向來賓英文簡報的工作，都由經合會國際合作處派員擔任，嗣後就由我接任對外賓簡報業務，好在經合會印有許多有關台灣經濟發展經過及各期四年經建計劃等英文刊物。最初數月，我陪外賓專注聆聽經合會官員使用幻燈片的圖表資料，介紹台灣各個階段經濟發展過程及展望，並熟讀經合會出版的英文資料，所謂苦學苦練，現學現賣。不多久汪次長接待來訪的土耳其主管貿易的經濟部次長，特囑我準備一套新的幻燈片，並由我來簡報，當時我根據國際貿易局的統計資料，加上一部份經合會的資料，彙整後呈汪次長核定，重新製作一套新的幻燈片，內容涵蓋台灣經濟與對外貿易的發展和成

長。由於我在海軍中曾擔任教官三年，在兩棲部隊擔任外事連絡官時，也常作英文簡報和口譯工作，故在經濟部作第一次簡報時，並不怯場，令汪次長至為滿意。

然而在立時口譯方面，我在經濟專業方面的功力尚欠成熟，記得是馬來西亞經濟貿易部長來台訪問參觀，離台前孫部長與他共同主持記者招待會，馬來西亞部長在答復問題時，陳述很長，我來不及記下要點，因而在翻譯時記不住全部講話內容，有點結巴，幸而孫部長反應很快，立即接下我的口譯，從頭到尾由他親自翻譯，解救了我的窘境，這種實事求是的可貴精神與風度，令我敬服。從此我也學到了一個秘訣，每次翻譯時，一定先向主講外賓要求，每講一小段就請他暫停，讓我能忠實地全部傳譯，外賓都能欣然接受。此外，我也開始廣泛閱讀有關經貿專業的中、英文報刊和雜誌，加強自己的基本功，對我往後轉往對美外交工作及對歐經貿工作，奠定了扎實的基礎和自信。

1970～1971年間，因台灣經濟開始起飛，故與若干國家輪流舉辦部長級的經濟合作會議，我先後曾參加過中比、中澳、中韓及中泰等經濟合作會議。通常大會之下若干組如貿易、農業和工業合作等分組，由各單位主管如國貿局局長或副局長主談，大會秘書處由經合會國際合作處主辦，我參加貿易分組談判並作記錄。此外，我也在秘書處擔任孫部長在大會開幕及閉幕時演講稿的中文英譯的工作，中文原稿均由孫部長的文胆，當時經濟部研考會吳祺芳主任起草，爾後他追隨孫部長至行政院擔任副秘書長，繼續為孫院長撰擬文稿以及向立法院所作的施政報告。他於屆齡退休後出任證券交易所董事長，享了幾年清福，十多年前因心臟病不治離世，我很懷念他。

1969年10月至1971年6月在經濟部服務的1年9個月，乃是我離開單純而單調的軍職生涯，踏入社會面對新的人生的啟蒙時期，一切重頭學起，並建立新的人際關係，但因我個性隨和，而且英文工作及國際合作一向由經合會主辦，如今由我來承辦是項業務，很快就因工作接觸而與各司、處同仁熟悉，建立了同事的友誼，非常愉快。特別是年輕同事常來我辦公室請益或交換意見，因此不到半年，我已無「孤鳥」之感，而成為經濟部中群鳥之一員。更令我振奮的是，不久後包括國貿局等部外的單位中經過公務員高考或特考，從軍中退役轉入文官系統的三軍學弟們，紛紛前來拜會，並報上軍校畢業的年班期別，我突然成為經濟部內的軍中前輩，很是得意。

　　但是一次偶然的聚談，也讓我受到了一次很有意義的教訓和警惕，那是某一日在接近下班時刻，有兩三位年輕同事來我辦公室閒聊，談起我這一代人當年經歷對日抗戰和三年內戰的艱苦歲月和撤退來台灣早期的危機感，以及金門砲戰中的烽火焰煙景況，大家聽得津津有味，感嘆不已，不幸的是我多說了兩句：諸如你們這一代很是幸福，平穩地讀完大學，未曾嚐過戰亂的滋味等廢話，當時我的助理台大外文系畢業的高材生蔡素瓊小姐就不服氣地反駁說：「我們這一代的經歷貧乏無味，那像你們這一代人生經歷的多采多姿，我們寧願像你們一樣，走遍天涯海角，歷盡人間滄桑，老了不但有無盡的回憶，還有機會向我們這一代年輕人吹噓。」當時我大吃一驚，心想我才41歲，真正的有趣人生剛開始，怎麼就「老了呢？」從此以後，我不敢再話當年，即使真正「老了」以後，也不敢再在諸親好友，門生故舊面前敘述自己的人生經歷，如今已過八十歲了，終於思想解放（大陸用語）放膽來話當年。

1971年中，經合會國際合作處曹嶽維處長奉命籌備和出任第一任交通部觀光局局長，邀我前往擔任主任秘書。由於1970年代世界各國都在發展觀光事業，增加外匯收入，因此新成立的觀光局極需外語人才，而我對此新興的觀光專業也很有興趣，於是就去請教宋家治主任秘書，他和孫部長商議後，認為應該放我去觀光局發展，惟須等待覓得適當人選後再離職。嗣後新聞界前輩潘煥昆先生從設於東京的生產力中心總部新聞組長退休回台，應孫部長之邀出任經濟部顧問，接替我的工作，多年後，潘君曾出任中央通訊社社長。如今回顧我離開軍職後的文官生涯，經濟部工作時期是我最愉快和最有成就感的一段人生歷程。

寫於2009年12月

20
經濟部國際貿易局

　　自從1969年年底經濟部汪彝定次長邀我兼任剛成立不久的國際貿易局英文顧問開始,我先後服務國貿局共計20年(1970～1974,1981～1997)歷經七位局長,包括首任局長汪彝定,繼任局長邵學琨、蕭萬長、江炳坤、許柯生、黃演鈔及林義夫,其中蕭、江和林三位局長後來均曾升任經濟部長。

　　1970年代,台灣經濟發展已進入出口擴張時期,紡織業及成衣業已佔出口之首位,又因加工出口區的設立,外資(含僑資)紛紛來台投資電器及電子產業,出口成長很快。因此國貿局當時的業務重點在管理進口和出口業務,以及配額分配和處理貿易糾紛。此時期有經驗的駐外商務人員均配屬在駐美、日、法、韓、越南、泰國等與我有邦交的國家,而且人才有斷層之慮。於是經濟部決定以財團法人方式,設立民間的外貿協會,以及辦理駐外商務人員特考,以注入新血,因應未來經濟起飛後台灣成為貿易大國所急需的人才。當時經濟部商業司長武冠雄奉命策劃及籌設財團法人中華民國對外貿易發展協會,以約高於經濟部公務員薪津兩倍的待遇,公開招考外貿人才,當年許多軍中外事連絡官已開始退役潮,在社會各界亟需外語人才的情況下,外貿協會成立時初期的班底有一半以上是四十歲上下的軍中外事連絡官,他們已累積十多年的工作經驗,大半均自軍官外語學校畢業及曾在美國受訓,故很快就進入狀況,從事外貿推廣工作,並成為元老級人員。1980～1990年代我在國外

旅行洽公時遇見的外貿協會駐各大都市辦事處的主官，幾乎都是前軍中外事連絡官，諸如駐倫敦、巴黎、杜塞道夫、紐約、舊金山、杜拜等地的代表，我幾乎都認識，當然主持外貿協會二十多年的武冠雄秘書長的識人、識才、及無私地用人唯才，實是功不可沒。當時經濟部駐外商務人員不多，而且都年齡很大，常年駐節外館也未建立輪調制度，對國內情況不熟悉，因此國貿局成立以後，接辦原商業司主管的駐外商務人員人事調遣業務，同時以駐外商務人員特考方式，錄取優秀的有關科系的大學畢業生，其中尚有若干研究所畢業的碩士和博士。我最早和他們接觸是在中韓經濟合作會議的貿易談判，幫我整理談判紀錄，他們反應很快，英文程度也不錯，既年輕肯學又很努力，令我印象深刻。嗣後他們大半專責跟駐外商務單位和國外相關政府單位的聯繫工作，因此，他們常持英文函稿來請益和核改，長年以往我和他們建立了似兄似師的親密關係，讓我頗有集天下英才而教之的成就感。他們是第一批經過特考的駐外商務人員，爾後每隔數年再招考一批，因此第一批自稱是黃埔一期。

回顧1970年代以後，台灣經濟起飛，對外貿易成長神速，至1990年代外匯存底列為世界第二，僅次於日本，但此時期外交方面節節敗退，台灣在國際政壇幾乎成為棄兒，然而同時期，台灣又先後成為紡織品出口大國及電視機出口大國，同時歐美、日等國外資亦積極來台投資，因為世界各國必須面對台灣已是貿易大國及出超大國之事實，不得不開始建立政府與政府的談判，特別是台灣出口配額問題，幾乎每年都要談判。所以這批駐外商務人員無論是駐在國外或是派在國貿局工作，就肩負起艱苦的貿易談判或交涉的重責大任，因為對外貿易及對外出超是維繫台灣生存的最重要關鍵。

1981年我參加中歐貿易促進會工作，蕭萬長局長續聘我為英文顧問，此時我國出口貿易直線上升，中美貿易談判頻繁，無論是

紡織成衣和電視機配額，以及煙酒談判，越來越艱鉅，也越來越複雜。此外，經濟部部長及國貿局局長出國訪問或參加國際會議或是應邀在台北所作的英文演講稿，也開始送來核改，故工作負荷甚重，最忙碌時國貿局的英文顧問業務所佔的時間，幾乎超過我的本職工作。

歷任國貿局長中，以蕭萬長及江炳坤兩位局長對我最為倚重，也最為辛苦和謙虛，他們在局長任內歷經對美談判及對歐盟談判，艱苦程度不是局外人所能體會，早期歐盟對我政府保持距離，不肯來台談判，但又堅持要與我談判，我方只得低調應付，同意在倫敦曼谷等地，假旅館會議室舉行貿易談判，我常應邀以顧問名義參加襄助，後來因我國經濟實力增強，談判範圍函蓋金融、農業、交通及智慧財產權等問題，需要各有關部會派員參加，雙方代表團陣容甚大，歐盟終於同意來台談判，如今歐盟已在台北設置代表處了。

記得現任民進黨主席蔡英文博士，與我曾一度同時在國貿局擔任顧問，1990年代歐盟執委會主管貿易談判的一位比利時籍歐盟代表，指責我國政策性的向美國採購，違背公平貿易原則，當時我反駁道，美國供應台灣武器與軍品，歐盟敢嗎？此公即以笑臉對我言道：「謝謝你」，會後蔡英文教授特來對我說：「仉先生，薑還是老的辣！」嗣後蕭、江兩位都升任經濟部長，他們在國外或在台北的英文演講稿仍常要我執筆撰擬，此時經濟部及國貿局因業務擴張已聘請外籍顧問，但是洋人對我國的經貿情況並不深入，只是依賴重要幕僚口述內容要點，不能真正抓住部長的思維和意向。記得在1990年代中期，江炳坤部長在印尼訪問，突然急電經濟部國際合作處表示，星期一上午要發表的演講稿有問題，趕快找到仉顧問請他修改……並叮嚀次日（星期六）上午一定要電傳給他。幸好

我因事還未下班，國際合作處副處長在下午六時半將原稿送達，我連夜修改，終於能次晨上班時繳卷。如今提及此事，毫無自我炫耀之意，只是想指出當年蕭、江兩位部長的工作認真態度和腳踏實地從科員、科長、組長、副局長、局長、次長一步一腳印地歷練至經濟部長。可惜當年他們兩位的少數親信部屬，隨著水漲船高，順勢高升，成為新貴，而且特寵而驕，毫無他們老長官的謙虛和樸直氣質，令人感嘆。但是絕大部份當年經特考進入國貿局工作的駐外商務人員都很優秀和謙虛，歷經外放，返國及再外放等歷練，二十多年來現都成為經濟部及所屬各單位的首長和副首長。

回憶在20年的國貿局顧問期間，我曾先後三次在國貿局開班授課，依據我自編的講義，教導國貿局同仁（包括各期的國際商務人員）如何撰擬經貿英文函稿，並於1993年我自中歐貿易促進會秘書長退休留任顧問時，還應國貿局之請求，再次自檔案中蒐集及整理歷年來經我改稿或撰寫並具示範性的英文書信及演講稿，重新編成《經貿英文書信寫作範例》一書，由中歐貿易促進會影印出版，免費贈送國貿局和經濟部有關單位以及駐外商務單位，據說大家稱為Bible。

令我非常遺憾是去年在偶然機會中，工商社團某友人送我一本國貿局於2007年6月出版的《經貿英文書信寫作範本》，我發現其中71篇範例中有32篇是我所編之書中的影印本，但僅在「編後語」中提及「除了參考本局前顧問仉家彪既有之書信教材外……」。最妙的是國貿局從未與我打一聲招呼，也未曾送我一本，更妙的是有人傳話至國貿局局長及副局長，他們驚訝地表示不知悉此事，後來傳話人問我他們有否補打一個招呼，我大笑說，他們不會也不敢補打招呼，因為我是作繭自縛，當年是我教他們的，且聽我道來：去

年秋日一位工商社團負責人老友宴請經濟部各首長，邀我出席，遇見許許多多年不見的老弟們，大家親熱地與我寒喧話舊，非常溫馨，記得是任職於外交部經貿司司長的一位老弟，提起我當年開課授徒的光景，曾再三叮囑回覆有關貿易糾紛的函件，不管我方是否錯的一方，但國貿局是代表政府，所以「never say sorry」，因為一認錯，對方就可以憑我方的回信，控告並要求我政府賠償，但是用字上可以有禮貌地說：「We regret to learn……」然後表示將深入調查等語。所以這位高徒笑說：「因此我們駐外商務人員已學會了「never say sorry」，說完後大家很樂，就是我悶悶不樂。

當年我教國貿局同仁在對外文書上never say sorry，以免白紙黑字被外商抓住把柄，如今有些當權高徒連口頭上也不敢say sorry，豈非是名師出高徒，青出於藍。

我很念舊，因此本也不想興師問罪，但一念及保護智慧財產權本是經濟部的職責，如今經濟部國際貿易局卻侵犯了我的智慧財產權，豈不是荒謬之極，何況已知道我的「不爽」，但仍無誠意補打一個招呼及補送一本書，所以我已慎重表示要保留我的追訴權。

最後必須一提的是，當年邵學琨局長屬下的第一副局長魯肇忠卻不為新任經濟部長趙耀東所欣賞，被調任經濟部駐倫敦代表，而由第二副局長蕭萬長出任為國際貿易局局長。

肇忠兄個性梗直，對屬下要求甚嚴，容易得罪人，當年他在國貿局第三組組長任內，主管進口業務，依法行事，當然得罪了許多工商界大老，包括當時中鋼公司總經理趙耀東在內。

後來魯肇忠先後調任駐美國經濟參事、駐歐盟經濟參事、外交部駐美國大使及駐歐盟大使，此等輝煌經歷，迄今可稱是空前，很可能也是絕後了。

今天我特別提出此點，是要為肇忠兄討個公道，盼望他當年得罪的老同事們，要記得他在早期我國發展對外貿易過程中曾經立下汗馬功勞，如今我已過了八十歲，被歸類為經濟部老前輩，有資格來說句公道話。

寫於2009年12月

21
交通部觀光局

　　民國60年（1971）7月1日交通部觀光局成立，我蒙首任局長
曹嶽維先生之邀，出任主任秘書。該時觀光局人員是由已裁撤的交
通部觀光事業委員會，台灣省政府觀光局及台北市觀光局等三路人
馬，再加上曹局長誠意邀聘的軍中外事連絡官所組成，可謂群賢畢
至，但也派系分明。幸而我自經濟部調來，不屬任何派系，況且曹
局長充分授權，故主任秘書掌握了人事及經費大權，只要做得公正
無私，自然可以放手做事。因此，我著手引進年輕公務員，例如現
在的觀光局長賴瑟珍女士和前任局長張學勞兄，都是我從基隆港務
局及台灣省政府財政廳挖角過來，他們從基層幹起，三十年中從科
員、專員、科長、副組長、組長、主任秘書、副局長，歷練升至局
長。因此，歷任觀光局長中，從張學勞兄開始，才可說是真正科班
出身，所謂江山代有人才出，誠不虛也。

　　我任職觀光局（1971～1973）兩年半中，有下列幾件大事值
得回憶和紀念：

1

　　民國60年（1971）10月中，國際觀光組織聯盟（International
Union of Tourist Organizations）在土耳其首都安卡拉（Ankara）舉行

大會，曹局長率我前往參加，在會期結束前的10月26日，突然聽到傳聞，中共已在聯合國大會中通過成為會員國，取代我們在聯合國的席位，成為中國的代表，當時各國代表紛紛前來向我們致意，但曹公在此尷尬時刻，還很有豪氣地感謝友邦人士的慰問說道：「It's not the end of the world.」唉，薑還是老的辣啊！曹公抗戰前自清華大學畢業，曾是台灣經濟發展開山祖師李國鼎先生的手下大將，有學問，有胆識，有口才。

2

民國61年（1972），中（台）日邦交，因受中共已代表中國進入聯合國的影響，開始有點動搖。我奉曹公之命，前往東京實地探聽虛實，以備適時作出因應之道。豈料抵達東京後，觀光局駐東京辦事處主任向我表示立刻辭職，因為他已接受關島一位華僑設立的公司總經理職務，盼儘快派人來接替他的職務。當時我還分別拜訪我駐日本的各單位，如招商局、中國銀行和中央信託局等單位，請教他們對未來的因應之道，他們表示正在聽候台北的訓令。最官僚的是駐日本大使館主管領事業務的一位參事，當我向他請教外交部如何處理斷交以後的善後事宜，他居然對我大發脾氣說：「國家還未亡呢！你們緊張什麼？」令我心寒。

我當即打越洋電話給曹公，建議立即派國際組組長陳瑞義兄來東京接任觀光局駐東京辦事處主任，以及立刻定製一塊「台灣觀光協會駐東京辦事處」的大招牌，儘快委託台北中華航空公司飛東京班機運來。台灣觀光協會是由台灣各大旅館及旅行社組織的民間社

團，因此觀光局倡風氣之先，順利地因應政府駐外單位改為民間名義的難題，建立了非官方的實質關係。

經過了兩個星期的煎熬，我終於將一切安排妥當，打道返台，抵台北機場時，觀光局各組、室主管在旅客出口處接機，令我感動淚下。

3

民國62年（1973），我和技術組組長游漢廷兄，連袂前往南投縣及屏東縣，為縣政府官員及縣議員作「發展觀光事業」的簡報，指出此兩縣的天然觀光資源潛力。當時南投縣長為林洋港，屏東縣長為張豐緒，他們對中央單位下鄉來向地方政府單位簡報一事深為感動，並表示他們一向都是向中央作簡報，這是第一次中央下鄉來作簡報。多少年後，林洋港曾任台北市長及行政院副院長，張豐緒曾任台北市長及國際奧會中華台北奧會主席。

4

民國60年代，許多海外留學生在美國奠定事業根基，有所成就後，常打著「為國家效勞」的金字招牌，返台謀求發展業務，但又依戀美國的物質生活，不願在台定居紮根，此類人物大都是高官子弟或高官友人，當時連「歸國學人」的名詞尚未發明，故這類案件都是高層交辦者。好在技術組組長游漢廷兄是留美碩士，我在美工作三年中，亦曾在州立馬利蘭大學夜部修過課，所以經過我們審核後，覺得這些專家都是隔靴搔癢，未能抓到癢

處。惟有長我們一輩的一位真正專家是留德的建築系博士，可惜他開出的價碼太高，此外他本人居留美國，只是聘用台北的工程師，按照他的構想設計而已。承包期間他會定期來台北指導及掌握進度，他從美國來台往返機票都是頭等艙，在台北的每日旅費相當於台北工程師的一個月薪資。因此，我和游組長再三研討後，還是忍痛否定此案，如今回顧當年的豪情仍深切感念曹局長不顧上級壓力，對我們充分授權和尊重專業的氣魄，如今曹公與游漢廷兄都已謝世，撫今追昔，不勝感傷。

5

嗣後觀光局決定開發南部風景區，其中以枋寮鄉的墾丁海灘最佳，因為台灣海灘大部份都是黑沙，南部地區只有墾丁是白沙，惟當年台灣仍屬戒嚴時期，海灘屬警備總部管轄，有士兵持槍在海灘上巡邏。於是曹公敦請行政院中最資深的財政部李國鼎部長協助。李部長是出名的急公好義，愛管好事，他與國防部馬紀壯副部長情商，然後由馬公陪同李公及曹公，由警備總部參謀長陪同前往南部墾丁視察，我還記得當日藍天白雲晴空之下，墾丁的白沙海灘閃閃發光，美的讓大家有驚艷之感。有趣的是馬副部長問陪同的警備總部參謀長，為什麼海灘上插有「禁止游泳」的招牌，這位參謀長答以「一直如此」，馬公問以有否正式命令依據，參謀長答以不知道，馬公說了一句「查」！不多久警備總部就開放墾丁海灘游泳了，這是民國62年（1973）的事兒，換句話說，台灣是四面環海的美麗寶島，但在民國38年～62年（1949～1973）是不准在台灣最美麗的墾丁海灘游泳的。

提到開發風景區之事，令我汗顏。由於當年尚無國家公園之名稱和法規，因此觀光局研究要以法令來規範風景區的開發，首先是必須由政府來依法收購風景區的土地和房屋，然後整體規劃和建設。因此觀光局召開了一次會議，邀請政府有關單位出席商討。記得會議開始後，我和游漢廷兄分別作了詳細的簡報，然後內政部的一位科長起立發言。他兩眼瞪著我說：「你們年輕專家們，不要一心開發風景區而由政府硬性收購當地老百姓幾代傳下來的祖產，然後在開發建設時，讓大企業來抄地皮，發大財……」這一當頭棒把我和游組長的腦袋打醒了，從此不敢再提整體開發了，好險！

幾年前我有機會再度遊覽墾丁，住在建於沙灘邊的五星旅館凱撒大飯店，大酒吧面對海灘，傍晚我坐在酒吧外的海灘上，享受清風徐來，喝一口冰啤酒，深沉陶醉於晚霞中漁舟歸來的美景中。深夜再前往墾丁鎮上，看到成群的青年男女穿著休閒服裝，在亮如白晝的街上嬉笑閒逛，妙的是如今墾丁地區，已劃定為國家公園，但與歐美及日本國家公園不同的是，他們的國家公園都是自然美景，但墾丁旳夜晚是喧嘩的，歡樂的和多采多姿的，我想應可稱為具有台灣特色的國家公園吧！

6

民國60年代（1970）初期，台灣經濟發展尚在中升段，平均國民所得尚低，尤其是軍、公教人員薪資更低，因此旅遊風氣不盛，風景區也不多，旅舍更是不足，假日爆滿，平時則無人問津，故觀光局大力倡導國民旅遊。首先我我們邀請各大報社及雜誌的記者去溪頭森林公園作三天兩夜之遊，接著邀請行政院主計處和人事行政

局副主官及有關處長去溪頭作考察之旅，爭取他們支持觀光局提出的公務人員休假旅遊計劃，其中旅途交通費用由公家補貼，風景區旅舍亦一律五折優待，讓終年辛勤的公務人員能攜眷享受旅遊之趣，以及住在風景區高級旅舍之樂。

　　有鑒於風景區公廁疏於管理，其臭無比，觀光局提出興建新式廁所計劃，凡按觀光局圖樣興建廁所者，一律由觀光局補助一半經費。有趣的是我們去驗收日月潭管理處興建的新式廁所時，竟發現不是建立在地面上，而是遊客必須在路邊走下十多級台階的一塊空地上，真正是道高一尺，魔高一丈。更有趣的是觀光局指定技術組的一位老好人科長督導風景區的廁所，因此局中同仁都戲稱他為廁所科科長。

　　回顧我在觀光局工作的兩年半時期（民國60年～62年），可說是我在公務員生涯中最辛苦和最值得回憶的一段美好時光，因為在其他崗位上，我幾乎都是單槍匹馬，祇有觀光局時期是和我年齡相近（四十多歲）的各組、室主管，以及我親自考選的青年才俊，集體作戰，在觀光局創立初期，為台灣觀光事業的發展，奠定了紮實的基礎，那真是打了一場美好的仗！

寫於2009年12月

22
外交部駐美大使館（一）

　　民國63年我在觀光局任職期間，老長官胡旭光將軍，以顧問名義奉調駐美大使館公使銜首任國會組組長之職。他返國述職時約我晤談，邀我前往華盛頓襄助他推展我對美國國會的工作，他負責國會議員部份，我則擔任連繫國會助理工作，以爭取美國國會對中華民國的支持，可謂任重道遠，我雖有猶豫，但無法推辭，因為胡公亦是我早期生命中的貴人。

　　從朝氣蓬勃，熱熱鬧鬧的觀光局，突然到了嚴肅而寂靜的駐美大使館，非常不自在，當時大使館中從沈劍虹大使，陳岱礎公使以下各同仁都對我冷冰冰的，因為我是一個沒有經過外交部特考出身的一等秘書。故而我一個人孤孤單單，怎一個「慘」字了得！但是後悔也來不及了，只有再向前衝，衝出一條血路來。

　　好在我於外交部北美司熟悉美國業務及等待派令期間，曾接待了兩批美國國會議員助理，全日陪同他們拜會、參觀及座談，建立了友誼，其中大部份都是支持中華民國的共和黨保守派，抵美後，我就靠這批約二十人左右的國會友人，在國會中開疆闢土認識了更多的國會助理，當時我的目標是參議院外交委員會和眾議院國際事務委員會，以及對中華民國有成見的民主黨自由派人士。

　　美國參議員辦公室幕僚人員約三十多人，眾議員幕僚人員約十多人，其中重要幕僚是行政助理（相當於我們的辦公室主任）

和機要女秘書，他們算是議員的親信人物；其次是立法助理和一般助理，所以我的工作目標是議員的行政助理，機要女秘書和首席立法助理。我和國會助理的聚會大都在華府中國城的金宮中餐廳（Golden Palace），離國會約十五分鐘的車程，非常方便，如有重要事情相托，通常是一對一聚餐細談，一般而言都是邀請五、六人歡聚聯誼，午餐前一定喝雞尾酒，酒量好的國會助理會在午餐時喝兩、三杯馬丁尼，因此我在赴宴前必先吃幾塊餅乾填個底，因為空肚子喝酒易醉。

每兩、三個月，我會在週末假日邀請重量級國會助理友人攜眷來家中晚餐，每次邀約三對夫婦，有時以中式自助餐招待十多人，每次餐會，我和妻女三人都要忙兩天，因為自助餐比較隨意，客人飯後飲白蘭地，坐在沙發上及地毯上聊天，常聊至午夜始散。遺憾的是外交部會計作業非常官僚，駐外人員在家宴客在超商買菜的收據，只有金額，沒有名目，因此必須在每項金額左方填寫菜名。然而通常是每月一次報銷，除宴客名單無誤外，超商收據的金額左方只得亂填一通了。

大概是民國66年（1977）中，大使館突然接到以部長具名的正式公函，指稱：貴館仇家彪秘書某日在金宮餐廳宴客兩次，如何分身云云。沈大使批交國會組，胡公使有點緊張，我答以我會以個人身份電復，於是我撰擬了一份強硬的覆電：據本館仇秘書家彪呈稱「……查美國應酬方式包括午餐、晚餐，甚至早餐和雞尾酒時間，職因打聽對我不友好的參議員Mansfield氏計劃訪問中國大陸一事，臨時約國會助理Dayle Hennington於下午在金宮餐廳見面，請他幫忙打聽……」沈大使立即批可發電。爾後我陪同國會助理訪台後，特晉見錢復政務次長，強烈抗議並表示辭職不幹了，我還氣憤表示

「士可殺不可辱」，錢公委婉撫慰問我如何善後，我答稱：「既以部長名義查詢，我有理由要求以部長名義覆文表示已接受我的解釋，否則在公文上我的冤屈未曾平反。」後來我離台時，北美司一位科長至機場送別，臨時在機場接到錢次長的電話說：「沈昌煥部長要他轉告，他一向很器重和瞭解我，盼望我要放寬心，不要生氣，好好幹等慰問之語。」

擔任國會連絡工作兩年後，我終於打進民主黨自由派議員助理的圈子，並在民國66年（1977）邀請到對中華民國不友好的甘乃迪參議員的行政助理Eddy Martin和孟岱爾參議員的行政助理Dick Moe等八人來台訪問。我還特別建議外交部北美司安排參觀訪問節目時，宜安排國家安全局及調查局並聽取簡報與座談，因為此兩單位是與美國中央情報局（CIA）及聯邦調查局（FBI）已建立良好和密切的合作關係。訪問團在台期間，曾參觀海軍陸戰隊的蛙人操，由司令王光洛中將親自接待，王將軍在民國42年（1953）與我同一批赴美接受兩棲作戰訓練，當年他是少校，我是少尉，多年不見，能在左營海軍基地的桃子園海灘相晤話舊，至為高興。爾後拜會國防部，由參謀總長賴名湯上將親自接待，主人座位三人，賴總長右首是我，左首是總政治部主任王昇上將，美國訪客安排在右手席位，左首席位是國防部各次長。此時劉和謙學長擔任中將計劃次長，特於會議結束後在會議室門口與我握手晤談敘舊，豈料甘乃迪助理Eddy Martin老兄見到我在軍中很受禮遇，就在我們上車離去時，在車上大聲嚷嚷說：「C.P.一定是台灣中央情報局派在華盛頓的工作人員，因為美國CIA派在駐外大使館工作人員，大都是以一等秘書為掩護。」當時我也大聲反駁道：「我是美國CIA的線民，專門調查美國政府人員在台的言

行。」引得大家哄堂大笑，從此我才算是真正地打入了美國國會參議員民主黨自由派的圈子。

所以我常對國會組後進老弟們解釋，對民主黨自由派人士必須以heart去應對，因為他們是比較上具有社會主義思想的高級知識份子，不但有使命感，而且痛恨官僚。譬如說，我陪同的這一批以Eddy Martin為團長的國會助理訪問團，在南部參觀高雄加工區和當年十大建設中的中鋼及中船公司後，夜宿墾丁的凱撒大飯店，晚上在星空之夜的墾丁海灘上喝啤酒聊天，孟岱爾參議員的行政助理Dick Moe盛讚一路上看到的欣欣向榮的工業區和富足的農村，然後話題一轉，開始批評當年國民黨的腐敗導致失去了中國大陸，退至台灣苟延殘喘。我聽了當時就上火，駁斥他說：「我完全同意你的說法，我從大陸來台灣，就證明國民黨的失敗，可是當前我們這一批在台灣打拚的軍、公、教人員為何要為國民黨當年失去大陸負責，你不推崇我們的辛苦成就，還要一竿子打翻一條船，我告訴你，我們這一代對台灣的貢獻感到驕傲。」說著說著我眼圈紅了起來，Dick Moe也屬感性之人，他的眼圈也紅了，從此我們就結成好友。

民國67年（1978）春，我服務公職已屆25年，符合志願退休條件，我遂申請返國辦理退休，開始在企業界開闢第二春，同年卡特代表民主黨當選為美國總統，並於12月16日趁美國國會聖誕假期休會宣佈美國與中共建立外交關係，嗣後美國國會參、眾兩院國會議員強勢運作，迫使卡特於民國68年（1979）4月10日簽署著名的〈台灣關係法〉，承諾繼續出售台灣必需的防衛武器，12月20日外交部錢復次長約我見面，告知行政院孫運璿院長交待，請我立刻赴美協助外交部楊西崑次長在美處理中（台）美斷交的善後事宜〔詳

見「中（台）美斷交及台灣關係法」一章〕。我遂於1978年的聖誕節趕赴華盛頓向主持中（台）美斷交談判的楊次長報到。

民國68年（1979）9月初，我又應外交部之請以私人身份去華府白宮拜訪老友孟岱爾副總統幕僚長Dick Moe，探聽他隨同孟岱爾副總統訪問中國大陸的情形，從此我應外交部或孫院長之請，纏身於中（台）美外交事務，直至我身心俱疲，精神幾至崩潰，如今以八十桑榆之年回顧三十年之往事，只有以一個「蠢」字來形容自己。

一位外交部老友曾對我笑評說：「C.P.你正規軍不當，要去做游擊隊，最後居然還要去做地下工作，何苦來者？」

寫於2009年5月

附記：

今日報載美國參議員愛德華‧甘迺迪腦癌病逝的消息，勾起了我的傷感回憶。上述最後一段提到的「地下工作」，乃是甘迺迪於1980年的民主黨總統侯選人，競選中獲得提名，我的老友Eddy Martin擔任競選總部辦公室主任，總攬一切競選事務，邀我前往美國擔任競選總部的公共關係工作。我是「奉命也好，自動請纓」也好，居然膽大包天再去美國打入甘迺迪競選總部，抵美不久後，小甘因於1969年7月8日與亡兄羅伯‧甘迺迪一名前女助理參加一場派對後，一起駕車出遊，不料車子自橋上墜落水中，小甘單獨游泳

上岸，困在車中的女助理則不幸溺斃，小甘9個小時後才向警方報案，供詞卻引起各方強烈質疑。從此以後這次意外事件成為政敵攻訐他的最有力把柄。

小甘宣佈退出競選後，我的地下工作當然也結束了，鍛羽而歸返回台北，精神沮喪之極，孫院長大概有點心疚吧，交待外交部長，邀我返外交部服務，但是我婉拒了，保持了最後一點尊嚴。此事當年的錢復政務次長及北美司副司長章孝嚴兄知之甚詳。

我之所以要記錄這段經過，乃是要親自為自己平反，不教青史盡成灰！

寫成於2009年8月27日

1976年陪同美國會議員拜會行政院蔣經國院長。

23
外交部駐美大使館（二）

　　1976年夏天，民主黨全國代表大會在紐約麥迪生廣場花園舉行，推舉卡特為民主黨總統候選人，我在美國國會民主黨的友人建議我應去紐約活動，加強和民主黨自由派人士的連繫。於是我向胡公使及沈大使呈報並獲准前往紐約活動。當時我在車上載了半打威士忌酒，開車去紐約並住在麥迪生花園廣場對面的廣場大飯店（Plaza Hotal），每天下午四時左右在飯店附近店舖買一打冰啤酒及一包冰塊，就在房間內招待國會友人，人多的時候有十多人，大家坐在床上或地毯飲酒聊天。飯店也很合作，特應我之請送來十多只水晶雞尾酒杯及啤酒杯，因此我又結交了更多的民主黨人士和增強了已經認識的民主黨國會人士的友誼。其實三天來也不過化費幾百元美金而已，至於汽油費只能自己負擔了，今日回想當年的這股衝勁和豪情仍覺不可思議。

　　卡特狀似木納，一口南方腔英語，給一般美國人民的印象是有點土氣，但是卡特能夠善用他的弱點，一開口就說：我的名字是吉米卡特，一個種花生的農人（My name is Jimmy Carter, a peanut farmer），令人印象深刻。卡特自稱是重生的基督徒，更是得到美國基督徒選民的支持，當選為美國總統。然而在骨子裡卡特是一個倨傲的民主黨黨員，他對中華民國政府存有偏見，因為他討厭執政

的國民黨。因此，民主黨控制的眾議院中民主黨自由派人士常對中華民國政府持批評立場。

1977年中，眾議院國際事務委員會主席漢彌爾頓（Hamilton）主持了一場「台灣人權聽證會」。該時恰好高雄市民選市長王玉雲正在訪問卡特總統的故鄉喬治亞州平原鎮（Plains）並結為姊妹市。有趣的是高雄市人口在百萬以上，平原鎮的人口卻在一萬以下，可見當年我政府多麼努力地要利用卡特的鄉親們來影響他對中華民國台灣的看法。

因此我政府當局指派王玉雲市長就近至華府眾議院代表政府出席「台灣人權聽證會」，我還記得王市長由其秘書陪同前來拜會駐美大使館陳岱礎公使。嗣後大使館安全組海軍學長汪希苓參事，來我辦公室向我表示，大使館未派人協助陪同王市長次日前往眾議院參加聽證會，希望我能幫忙。當天下班後我就驅車去位於華府郊外馬里蘭州一個小鎮的汽車旅館會見王市長，並表示次日我會開車來接，全程陪同他去國會眾議院參加聽證會。王市長原先的緊鎖眉頭終於鬆開了，緊緊握住我的手感動地說，「謝謝，謝謝」。當時我好奇地問他為何不住在華府市中心的五星大飯店，王市長嘆口氣說道，他聽到風聲，反政府的台灣學生有計劃前往他原訂的飯店去修理他，威脅他不可代表政府出席「台灣人權聽證會」。

當天晚上我用電話連絡上我在眾議院知交Dayle Hennington，與他商量次日的行動計劃。他當即交代我按照下列的步驟進入眾議院的大廳：

1. 從眾議院X停車庫的Y車道駛入停車場。
2. 泊車於Z停車位（Dayle的車位，特地空出來）。

3. 乘電梯至Dayle辦公室，他會等候我們。

4. Dayle會親自護送我與王玉雲市長至眾議院大廳。

　　次日下年，我駕車載王市長前往眾議院見到一群反政府的台灣留學生在眾議院大廈前搖旗吶喊抗議，警察努力地維持秩序。我們由Dayle護駕送至眾議院大廳門口進入大廳，由中間走廊走向台前，我看到走廊左邊是反政府的憤怒中國留學生，指著王市長大罵「台奸」，右邊走廊則是支持政府和國民黨的留學生，紛紛站起來鼓掌鼓勵王市長，並拍他肩膀用台語對他高喊：「莫驚、莫驚」，令他深受鼓舞。

　　聽證會開始後，兩個台灣留學生上台作證批評國民黨政府獨裁、專制侵犯人權。翻譯人是一位在國會圖書館工作的台灣籍女士，翻譯時非常稱職。然而輪到王玉雲市長作證時，她的翻譯就不公正，扭曲了王市長的證詞。當時聽眾中就有人大喊protest（抗議），漢彌爾頓主席不悅地請他站起來問他：「Who are you？」（你是誰），一位粗壯的約三十來歲的漢子站起大聲報上名號說：「我是黃××博士，北加羅利那州立大學的教授。」主席問他願不願繼續翻譯，黃教授立即答稱願意，大步向前走上舞台，為王市長的作證翻譯。以至圓滿結束，無人再抗議。

　　次日我駕車送王玉雲市長及其秘書搭機返台，王市長再三謝我，並叮囑我將來返台一定要去高雄看他。1978年我返台時，踐約去拜望他，王市長以午宴接待，市府部屬陪宴，我們喝了不少酒。

　　王市長出身刑警，長期在高雄工作，從基層幹起，故人脈很廣，深獲高雄市民愛戴。

許多年前，他前往中國大陸經營房地產事業，頗有成就，近聞他在杭州去世，特撰此文，以誌紀念。

寫於2010年5月

附記：

　　我在華盛頓駐美大使館國會工作時，共和黨參議員高華德（Barry Goldwater）支持中華民國最力，他的兒子小高華德曾擔任眾議員十四年，最後競選參議員失敗。他於1985年2月中來台北找我，並交給我老高華德致行政院孫院長的私函，我立即安排及陪同謁見孫院長，小高向孫院長表示他代表美國某飛機製造公司，推銷我國當時極需要的某種運輸機，孫院長立即交待安排小高去國防部與副參謀總長葉昌桐海軍上將及計劃次長夏甸海軍中將洽談，當我陪同小高去國防部拜訪葉、夏兩位學長時，首先聲明我不是軍火掮客，祇是應孫院長之請陪同小高前來拜訪而已，結果當然是遭到婉拒了，因為當年台灣軍購是操縱在少數有背景和勢力人物。因此我要說凡是支持中華民國的美國國會友人，退休後想要沾點光做一點中華民國的生意，門兒都沒有，反而是對我國極不友好的國會議員，退休後來我國推銷武器或大型基礎工程設備一定成功，此事章孝嚴兄應知之甚詳。

24
史東參議員

　　1977年元月中我終於說服參議院外交委員會亞太小組委員的史東參議員（Richard Stone），偕其立法助理William Pursley及亞太小組的立法助理Roy Werner赴台訪問，除拜會嚴家淦總統外，並訪問行政院蔣經國院長及經濟部孫運璿部長。

　　史東屬民主黨自由派的參議員，他聰敏務實，並無一般自由派議員對當時威權體制下的中華民國懷有成見。他在訪華時虛心傾聽我政府官員對他所提政治經濟問題的答覆，及提出他自己對亞太區國家訪問觀察的心得，供我政府參考。

　　史東曾訪問日本及中國大陸，但訪問台灣則是第一次，因此感到非常新奇，要我帶他到處逛逛，包括夜市及寺廟。他去日本時常去泡桑那浴，我告訴他台北上海式澡堂更佳，於是帶去長春路上的上海澡堂，享受一口揚州話的上海老師傅全套擦背、捏腳及推拿服務，對史東而言頗有驚艷之感，從此以後，他每次來台一定要我陪他去上海澡堂過把癮，外交部北美司的老弟們吃我豆腐說：「仉公為了中美外交犧牲色相，脫光光陪史東參議員洗上海澡真是偉大。」其實我這樣做無非是設法與史東參議員建立更密切的友誼而已。記得史東訪華結束後，錢復次長於我返美前約見，肯定我能與史東建立友誼及說服史東參議員來台訪問的貢獻，但是他也語重心長地善意勸我道：「外交部內各種牛鬼蛇神都有，C.P.你還是要

小心，免得被人指為離經叛道」。我當時聽了就知道是那一些人在批評我。1979年4月10日卡特簽署〈台灣關係法〉後，有兩三位外交部老友對我說：「C.P.大家知道你在促成〈台灣關係法〉的過程中，是有相當的貢獻。」寫到此點，我還好好想過，當時如果不離經叛道，掏出心窩子與史東參議員等國會友人交往，豈能與美國參議院外交委員會等國會人士，建立深厚友誼。可喜的是爾後經過三考出身的年輕一輩外交官派往駐美代表處擔任國會工作，都能放下身段常在美國國會大廈走廊上奔走，即使是熱面孔貼冷屁股，也能忍辱負重達成任務。觀諸美國現仍堅持對台出售防衛武器，以及與兩岸維持平衡關係，我要大聲宣稱：「誰說弱國無外交？」

　　就在我陪史東參議員訪華圓滿達成任務後，錢復次長照例於我返美前約我談談美國國會情形及中美外交可能遭遇的問題。我此時在華府大使館工作已將近四年，深感身心疲乏與痛苦，就向他正式提出要求調回國內辦理退休之事，他非常震驚，逼我說出真正原因，當時我也只能說出實情，表示我從海軍轉經濟部和交通部觀光局，然後應老長官之邀進入外交部工作，深知官場的潛規則——不要出風頭。但是在面臨中美邦交不穩之際，我不能再作鄉愿，義無反顧地要在美國國會作最後的一博，四年中我結交國會友人將近百人，但是功高震主，基於中國倫理，不得不急流勇退。錢公聽後嘆了一口長氣，同意讓我申請調返國內辦理退休。

　　美國國會友人聽到我要離開華盛頓，特為我舉行了盛大的惜別酒會（Farewell Party），幾位交情很深的資深國會友人都紛紛發言，非常感性地讚揚我對中美外交的貢獻，以及感謝我邀請及陪同他們訪問中華民國，參觀台灣北、中、南部的農業發展及工業建設，目睹中華民國人民的勤勞及愛國精神，因而真正瞭解了台灣被

稱為西太平洋台灣海峽中不沉的航空母艦。最後我在致答辭時，除感謝美國國會友人的協助與支持外，我說：「As I am getting old, all I want are warm climate, old friends and no pain.」（當我日趨年老時，我所想要的是溫暖氣候，老友以及不再痛苦）

當我離開華府時，我已接到不少美國政府及國會友人的惜別函，真正是情真意切，令我感動流淚。更感人的是他們均以其老闆參議員的名義發出。

1978年12月16日，卡特總統趁美國國會聖誕假期休會期間宣佈與中共建交，自然也就與我國斷交，很多老一輩的人可能已不記得了，從1978年12月16日美國宣佈與我國斷交，以迄1979年4月10日卡特簽署〈台灣關係法〉之時將近四個月的時間，美國政府居然稱中華民國為People of Taiwan（台灣人民），此名稱是國務院那批三流中國通發明的荒謬稱謂。

但是對我而已，卻是妙極了，因為我已自外交部退休，但應行政院孫運璿院長之請，以私人身份赴美國協助楊次長在華府談判斷交後的中（台）美實質關係。因當時我在台北企業界工作，所以赴美後我對美國會友人自稱，我是以People of Taiwan（台灣人民）身份來懇求你們不要放棄People of Taiwan，尤其不能放棄對台灣的軍售和防衛協助。

1974～1978年我在駐美大使館國會工作時，我的職務主要是與美國國會助理連繫及邀請並陪同他們訪問台灣。由於當時我已四十多歲，曾在海軍、國防部、經濟部及交通部觀光局工作，各批初次來台的國會友人，在北、中、南部訪問時，對每樣事物都覺得新奇，他們不斷地問，我也只得不斷地盡我之力答覆，但在公路上馳

行時，他們問我田地中的農作物時，我就答不出來，問詢者接著領悟道：「C. P. is a city boy.」

　　當年我每週總有天會在國會大廈走廊上奔走，與約定的國會助理晤談，有時剛好他們的上司參、眾議員留在辦公室閱卷，助理友人們會帶我進去介紹認識，我總是很識相地握手問候後謝辭，因為國會議員們太忙碌了，況且我的工作職責是對國會助理。然而見面就有三分情，爾後中（台）美斷交後，我以私人身份求見幾位重量的參院外交委員會重要人物如John Sparkman主席、亞太小組John Glenn主席，以及對我國不友好的Church參議員，都有機會花十多分鐘，解釋台灣在斷交後面對軍事威脅及中美雙邊貿易問題，有時候說到激動處，我會眼圈紅了起來，如今在桑榆之年，回憶當年唱做俱佳的功夫，不禁失笑和得意。

　　我深信我的口才和做功都是當年在美國國會鍛鍊出來的，今日回首前塵雖有傷感，但也覺非常得意，因為我已經打過那美好的一仗了。

1978年元月中，陪同美國參議院外交委員會委員史東參議員伉儷訪問嚴家淦總統。左一為外交部錢復次長，左二為筆者。

25
中（台）美斷交及台灣關係法

民國67年2月，我在駐美大使館國會組擔任參事，自覺犯了功高震主之忌，此時我服務公職也超過25年，符合退休條件，故自請退休，返台轉入企業界工作。

民國67年（1978）12月16日，美國總統卡特宣佈與中國大陸建立外交關係，並與在台灣的中華民國政府斷絕邦交，消息傳來，朝野震驚，人心惶惶，似乎末日將至，而美國領事館門口辦理簽證的人潮，更令人沮喪。

過了幾天，外交部來電話說，錢次長急盼與我晤面。我見了他尚未寒暄，錢公即單刀直入地說：「行政院孫院長對蔣部長說，你向院長表示，志願去華盛頓幫忙連繫國會友人助我。」我聽了大為驚訝，並表示我從未去見過孫院長，更未自動請纓。錢公未說什麼，急切地問我何時可啟程，並交給一張蔣部長手諭：「奉院長諭請仇家彪先生即刻赴美協助楊西崑次長在美工作。」下方是「彥士」及「錢復」的簽名（見附錄）。

記得是1978年的聖誕節，我搭華航飛洛杉磯轉華盛頓，那班飛機不但客滿，而且名人甚多，座艙內大包小包塞滿行李櫃和座位下方，乘客們面色凝重，一片淒涼的逃難景像，迄今令我難以忘懷。飛抵洛杉磯後，我連夜搭機飛華盛頓，向主持中美斷交談判的楊次長報到。

楊次長除忙於在國務院談判斷交善後事宜外，並由國會組安排訪問參、眾兩院議員，我的任務是安排拜會我當年在駐美大使館國會組服務時所熟悉的議員，以及分批邀約與我有交情的，重量級的國會議員助理與楊次長餐敘，暢談中（台）美外交問題，他的豐富國際知識學養，老派外交官風範和字正腔圓的英國腔英語，贏得不少自視甚高的美國國會菁英的嘆服。因此他固然在國務院的談判備感辛勞，但在國會中贏得不少有影響力人士的友情和支持，對促進美國國會通過〈台灣關係法〉以確保台灣的安全和維持兩國的實質關係，厥功至偉。

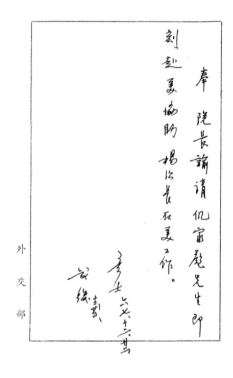

但是楊公也有疲憊的時候，有一天我陪同他最後一次去國會拜會眾議院多數黨領袖賴特（Jim Wright），出發前譯電室李主任告訴我，外交部剛來電報，沈部長電賀楊公69歲生辰，時值早晨，華盛頓地區前夜大雪已停，路旁積雪甚高，他老人家在車上突然長嘆一聲說：「家彪兄，時間過得真快，當年我在哥倫比亞大學讀書的瀟灑日子，好像就在眼前啊！」言畢，他就閉目不語，我知道楊公已心力交瘁了，那時節我才49歲，已能體會一位公忠體國老臣的蒼涼心境矣。今日緬懷已故外交前輩的風範與赤膽忠心的人格，不勝唏噓。

　　過了數週，我請示楊公，我的任務已畢，可否返台北回至工作崗位，他思考了一下就懇切地對我說：「家彪兄，你可否陪我到底？」當時我義無反顧地一口答應。嗣後他於二月底達成談判任務，啟程返國，我也於次日1979年3月1日返台北；自1978年12月25日聖誕節抵達美國，我以私人身份在大使館協助楊次長工作，總計共六十五天。

　　民國68年（1979）9月初，外交部錢復次長又約我晤面，錢公見到我笑道：「C. P.又要麻煩你秘密跑一趟華盛頓。」他言道，中（台）美斷交談判時，曾有協議雙方所有的雙邊條約仍維持不變，但美國副總統孟岱爾在訪問中國大陸召開記者會時表示，美國與台灣之間的航空條約即將到期，屆時當以雙方的非官方代表機構重新協商及簽訂，外交部已令駐華盛頓的「北美協調會」瞭解實情報部，惟美方均三緘其口，因而不知實情；前天外交部召集有關單位開會商討對策時，蔣部長決定請你悄悄去華盛頓向你的老友孟岱爾副總統的幕僚長Dick Moe君打聽實情。當時我心中沉重，深怕華盛

頓的老長官不悅，但又不能違拂錢公旨意，在並無一紙手諭的情況下，咬着牙關接受了這項使命，並於兩日內束裝就道。

記得我抵達洛杉磯時正好是美國勞動節假日的最後一天，9月的第一個星期一，我在機場打電話給Dick Moe約定次日下午四時去白宮見他。當天晚上我即搭機前往華盛頓。下午四時我準時前往白宮，我還未開口及掏出護照，警衛就問道：「Mr. Chang？」我點頭後他就帶我走進美國副總統孟岱爾幕僚長的辦公室。Dick Moe一見我就趨前歡迎寒暄一番，立即進入話題，很明顯他知道我有備而來，當然他也是有備而來接見我，否則他怎會在勞動節長假後的第一個工作日就在下午四時接見我。

我先發制人，質問M君，中（台）美斷交時，美國表示與中華民國簽訂的條約不變，為何美國政府對台灣食言，他也對我直言不諱表示，不但是航空條約需要重新協商，並要以非官方機構的名義，由北美協調會與美國在台協會名義簽訂。M君還特別強調，國務院正在草擬一項綜合法案（Omnibus Bill），送國會審核及通過，以確保台灣的安全，後來稱為〈台灣關係法〉。他並表示，今後所有條約都要改為非官方機構簽訂，但他又強調美國絕對不會放棄對台灣防衛的承諾。我們僅談了十五分鐘，喝了一杯咖啡，我就向他告別。Dick Moe親自送我至白宮門口，緊緊握手道別說：「C. P.多多保重。」

當晚我與在馬里蘭州立大學求學的女兒仉靜娟相晤，並共進晚餐。第二天星期三，我搭早班飛機去舊金山轉機，並搭當夜的華航班機返台北，星期四清晨抵台北，自星期一出發，來回共四天三夜，祇有一晚住在旅館，另外兩夜都在飛機上熬過。

當天星期四下午，我就趨往外交部見錢次長，並將在飛機上寫好的簡要報告呈交給他，錢公看了後凝重地看着我說：「你的這份報告經國先生會看到。」

　　筆者今年已八十歲，久已不問政治，但是讀了自由時報3月26日的王景泓先生星期專論，談及〈台灣關係法〉種切，內心頗有感慨，特寫此文作為補遺。

寫於2000年3月

附記：

　　楊次長在美國辛勤痛苦地與美國國務院那批卡特總統任命的左翼年輕外交官談判中美斷交的善後事宜，談判結束後，楊次長曾設宴款待美方主談人國務院亞太事務助理國務卿赫爾勃羅克（Halbrook），酒過三巡後郝公表示，他最怕楊公在談判緊要關頭時，會抱着左胸口說：「from the bottom of my heart......」，他就知道楊公的「做工」又來了，不能輕易被感動。

　　遺憾的是楊公談判成功後，並未任命他為駐美代表，外交部派了一位夫人派的資淺外交官出任駐美代表，令外交部同事大出意外。可惜此公年少氣盛，不得同事的人心，與美國國務院打交道也不得尊敬，故半年後即被調職。

　　不久以後，揚公奉派為駐南斐大使，我特去外交部向他致賀，楊公對我笑言：「家彪兄，我這是大姑娘上花轎第一回。」確實如

此，楊公曾在駐聯合國代表團任職時節，與非洲國家代表建立深厚友情，返國後出任非洲司長之職，有「非洲先生（Mr. Africa）」的美譽，爾後升任外交部次長，派駐南斐是他第一次出任大使之職，其時已七十歲出頭矣！

26

風雷動盪的1970年代

　　1970年，行政院副院長蔣經國正式訪問美國，在與尼克森和季辛吉的晤談中，蔣經國已意識到美國對台關係將有改變。離開華盛頓後，他轉往紐約，要出席一場演講會，當他進入飯店時，兩名來自台灣的中國人朝他開槍，差點擊中他的頭部。

　　蔣經國在1972年成為台灣的行政院長，蔣介石總統於1975年4月逝世，三年後，1978年3月，蔣經國當選為中華民國總統。1984年連任總統。1987年蔣經國提出解除戒嚴，並由立法院一致通過解除戒嚴。1988年元月政府取消報禁，並開放台灣居民赴大陸探親。1988年1月12日蔣經國逝世。1988年元月27日，李登輝被選為過渡時期的代理總統及國民黨主席。

　　1972年尼克森訪問中國，雙方確立了《上海公報》，公報清楚說明：「美國認知，在台灣海峽兩邊的所有中國人都認為只有一個中國，台灣是中國的一部份，美國政府對這一立場不提出異議。它重申它對由中國人自己和平解決台灣問題的關心。」

　　值得注意的是，中國版本的《上海公報》將「認知」翻譯為「承認」。

　　尼克森訪問中國的立即後果，就是雙方在對方的首都設立連絡辦事處，美國仍承認在台北的中華民國為中國的政府，並將大使館設在台北。尼克森此舉旨在避免引發美國國內嚴重的政治反彈，準

備在連任總統後再考慮此事，但此事在1974年中，由於水門案件與尼克森的被迫辭職而中斷。

同時期，台灣遭受了另一次嚴重的打擊。1971年10月，台灣在經過多年的奮戰後，失去了聯合國的代表席次，為了保住在美國的力量和影響力，台北開闢兩條戰線，首先是動員台灣文化、科學及工商界，加強鞏固與美國各州各大城市相對機構已經建立的友誼和工作關係，尋求他們對台灣的支持，其次是駐美大使館和全美十五個領事館（遠超過任何其他國家），全力爭取聯邦參、眾議員和各州州議員對台灣的支持。因此中（台）美關係在風雨飄搖中，得以繼續維持。

1976年當選總統的吉米、卡特對台灣政府和國民黨一直具有成見，卡特後來在回憶錄中寫道：

台灣在華府的影響力非常大，台灣的說客們似乎很有能力塑造美國在遠東的基本政策。1976年，在打贏幾場初選後，我開始了解他們的影響力有多大，我在喬治亞洲平原鎮故鄉的親戚與鄰居開始收到台北方面的邀請，前往訪問及度假，然後催促他們來影響我，我阻止親近的家人接受這種招待，損害了我跟家鄉某些朋友的關係。

卡特對台灣政府的鄙視在字裡行間表露無遺，但是對中國外交關係正常化一事，他不得不偷偷進行，因為美國對台灣的支持者不斷發聲，譴責完全承認北京政權的承諾。1978年，美國新聞與世界報導做了一次公開民調，其結果頗能代表當時幾個類似的意見調查，58%的受訪者反對放棄台北，承認北京為中國政府的做法，只有20%支持此一改變，剩下的22%沒有意見。

1978年12月16日，美國駐台北大使安克志奉命要求在清晨兩點半會晤蔣經國總統，告知美國即將在1979年元月1日與北京建交，

並撤銷對台北的承認及廢除與台灣的共同防禦條約，消息本身並不會令人意外，但美國方面傳達的方式令台灣人民憤怒。

但在美國群眾與國會方面，有非常多人不滿卡特的做法。1979年初，國會開始尋求替代方案，4月10日，參、眾兩院通過《台灣關係法》，兩大黨都一面倒的支持這項法案，眾議院以339票對50票通過，參議院則是85票對4票。

台灣關係法有兩個作用：試圖保證美國對台灣的軍事協防會繼續下去，與台灣的外交連繫則維持一種高規格但表面上並不正式的高度。國會要求，美國供給台灣的防禦性武器無論質與量「必須讓台灣足以自保」。至於什麼是必要的而什麼是適合的？必須由政府當局和國會共同決定。這件事意義深遠，要或不要給予台灣某些幫助，並不由總統（例如卡特）的一時興起來決定，因為他可能對台灣不關心；中國對台灣的任何威脅，總統都必須立即通知國會，而且此事一旦發生，美國將採取適當措施以保護台灣的安全。為了維持與台北的外交關係，該法還規定必須在台灣設立一個美國機構，除了名稱之外，功能與大使館完全相同。

回顧1970年代，中華民國台灣經過了驚濤駭浪的洗禮，靠的是蔣經國先生的「莊敬自強、處變不驚」的訓示，以及經濟部孫運璿部長主導創建半導體和其他高科技工業，使台灣成為僅次於日本的亞洲高科技國家，令世界各國為之囑目。

筆者有幸於1970年代任職於政府機構，歷任經濟部顧問、交通部觀光局主任秘書、外交部北美司專門委員以及駐美大使館國會組一等秘書、參事，親身經歷了這一波驚濤駭浪的衝擊過程，今日回首前塵，猶有餘悸。

風雷動盪的1970年代大事記

1970年4月	蔣經國在美國紐約市險遭反政府人士暗殺。
1971年6月	美日宣佈將琉球（含釣魚台）交還日本，台灣大學學生發起示威遊行，是謂保釣運動。
1971年7月	美國國務卿季辛吉密訪北京。
1971年10月	中華民國退出聯合國。
1972年	美國總統尼克森訪問中國大陸，並簽署《上海公報》。
1972年6月	蔣經國擔任行政院長。
1972年9月	中（台）日斷交。
1973年10月	全球第一次能源危機。
1973年12月	蔣經國提出「十大建設計劃」，發展重工業及運輸和電力基礎設施。
1974年	政府發展半導體工業。
1975年元月	蔣介石去世，嚴家淦繼任總統，蔣經國就任國民黨主席。
1976年	蔣經國接班後，台灣逐漸由「硬性威權」，轉變為「軟性威權」。
1977年	美國國會眾議院舉行台灣人權聽證會。
1978年12月15日	美國總統卡特宣佈美國承認中華人民共和國，並與中（台）華民國斷交。
1979年4月	美國國會通過《台灣關係法》。

寫於2010年6月

27
中歐貿易促進會

　　1970年代初期，台灣對外貿易發展甚速，對歐貿易比重日益增加，歐洲共同市場（歐市）不僅為我主要輸出市場之一，復為我機械設備進口之主要供應地區，雖然當時我與歐市及其他會員國均無外交關係，且自中國大陸與歐市建交以後，使我對歐貿易更感困難，有鑒於此，政府乃結合民間力量成立中歐貿易促進會（中歐），積極推動我與歐洲各國之經貿關係，第一任理事長為辜振甫先生，秘書長為曹嶽維先生。

　　1975年中歐成立時，台灣與歐洲雙邊貿易僅佔對外貿易13%，當時在台設有代表處之國家僅西班牙一國。中歐為政府支持從事對歐工作之社團法人，會員為台灣主要工商社團、公民營企業與金融機構等組成，工作人員僅二十餘人，以尖兵之姿態，積極發展服務功能，於推動對歐經貿實質關係中扮演肯定之角色。

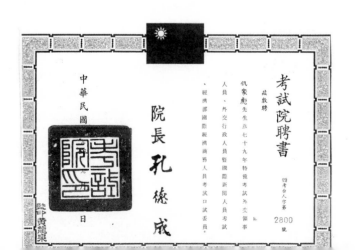

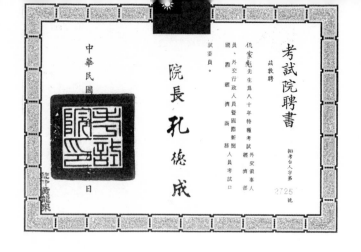

考試院聘書

（80）考台人字第

2725 號

仇家彪先生為八十年特種考試

外交領事人

員、外交行政人員暨國際新聞

員、經濟部

國際經濟商務人員考試口

試委員。

茲敦聘

中華民國

年

月

日

院長 孔德成

　　我於1980年春，應老長官曹嶽維先生之邀，出任中歐副秘書
長兼任組長，爾後升任秘書長，1993年因心血管病，向時任理事長
的曹公請辭，旋被挽留改任顧問專責核改英文稿件及撰寫英文演講
稿，繼續工作四年，迄1996年中歐改組為止。我在中歐工作長達16
年，可以說是我工作經歷中最能發揮我的智慧、口才和英文寫作能
力的時期，撫今追昔，非常感激曹公的提攜與信任。

　　當年外交部邀請歐洲國家議員來訪，行政院新聞局邀請歐洲
記者來訪，均安排拜會本會，聽取簡報，答復來賓問題，以及提供
台灣與歐洲及個別國家的雙邊貿易資料。因此，外賓常會提出各種
有關台灣於政治上在世界遭受孤立之際，經濟與貿易在亞洲異軍突
起，成為亞洲四小龍之首，特別感到興趣常與我作深入討論。

　　為有計劃推動對歐洲國家之科技合作，行政院於1982年召集
會議，決定成立「中（台）歐科技合作工作小組」，請國科會副主
任委員王紀五與本會副理事長曹嶽維為共同召集人，由我擔任執行
秘書，並將該工作小組置於本會，運用本會與歐洲有關機構已建立
之良好關係，推動我對歐科技工作，一般行政工作均由本會人員擔
任。因此，我有機會認識許多學術界與科技界的菁英，並協助安排
他們訪問歐洲國家的相對科技機構，建立雙方合作關係。緣於當年

科技界的高級人才都是留學美國，故安排他們訪問歐洲可進一步更擴大這批菁英的視野，也同時讓歐洲科技界瞭解台灣的科技實力，有利於爾後吸收歐洲企業在台灣投資高科技工業。

　　我在1980年10月間，開始了第一次訪問歐洲，目的地是北歐丹麥、瑞典和挪威三國，第一站是丹麥首都哥本哈根，當時國貿局派駐丹麥的商務人員為經濟部老友李顯兄，由他安排訪問丹麥工業總會和跨國企業。接著由李顯兄陪同繼續訪問瑞典和挪威的對外貿易機構，銀行和企業集團，向他們介紹台灣經貿發展現況，和政府吸引外人投資，包括5年免稅的優惠政策。

　　嗣後，我平均每年兩次訪問歐洲，每一次兩週左右，但最高紀錄是40天，於1991年訪問了九個歐洲國家。除拜訪工業總會、總商會、對外貿易機構外，也曾在若干國家有機會拜訪主管對外貿易的副部長及司長級官員，向他們呼籲早日在台灣設置貿易代表機構，促進雙邊貿易。此外，我曾於1990年訪問了東歐最早對外開放的匈牙利與南斯拉夫。除了上述單槍匹馬訪問歐洲國家外，並常應邀參加由經濟部長、次長和國際貿易局長率領的公民營企業大型訪問團，訪問歐洲，並參加國貿局與歐盟執委會的雙邊貿易談判，見證了當年台灣經貿首長堅苦卓絕的奮戰經歷。

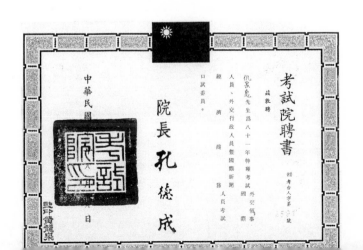

我在訪問歐洲國家時，常應邀向工商界演講，介紹台灣的經濟發展過程，台灣的對外貿易政策，以及吸收外資在台投資生產事業的優惠措施，有時則參加研討會，討論如何加強雙邊貿易的議題。我在十多年歐洲之旅時，最常去的是北歐國家，英國倫敦，法國巴黎，德國法蘭克福，義大利米蘭，西班牙馬德里等重要大都市，結交了不少歐洲工商界友人，爾後他們有機會來台灣訪問時，都透過他們國家駐在台灣的代表，約我在台北相聚，讓我常有「知交滿天下」的喜悅感覺。

　　中歐貿易促進會歷任理事長為辜振甫、戴安國、陳雄飛、曹嶽維、金懋輝與羅錡諸前輩，他們的才能與風範，均為歐洲人士所敬佩，他們的貢獻強固了台灣與歐洲國家的經貿關係，也促進了歐洲人士對台灣中國人的成就肅然起敬。

寫於2010年2月

1984年任職中歐貿易促進會副秘書長。

1992年參加駐歐洲商務人員，第一排中間為駐教廷周書楷大夫。

1993年擔任中歐貿易促進會秘書長時主持研討會。

1993年蔡英文教授（現任民進黨主席）
應邀演講。

1988年在倫敦與行政院李國鼎政務委員
在倫敦參加酒會。

1992年代表中歐貿易促進會參加駐歐洲商務人員會議，右一為駐教廷周書楷大使。

1988年陪同經濟部國際貿易局蕭萬長局長訪問英國。

28
仇顧問

　　我在1969年參加經濟部工作，就以顧問名義擔任孫運璿部長的英文秘書，兼核改部內各司撰擬的對外英文函件，不久經濟部次長兼國貿局長汪彝定先生邀我擔任國貿局的英文顧問，先後共計二十年，故與國貿局有特殊感情，而仇顧問這塊招牌也如影隨形，說明了我與顧問之名銜特別有緣。

　　1990年國貿局主任秘書陳植兄獲邀出任首任台北國際會議中心總經理，聘我為英文顧問，三年後該中心合併入中華民國對外貿易發展協會，我遂離職。1995年理律法律事務所聘我為中國大陸事務顧問，借重我在中國大陸義務講學時與各省市台辦，經貿委和台灣研究會建立的良好關係，偕同理律的年輕律師去大陸開拓合作關係。此外，我也曾利用午休時間，對理律同仁講述世界經貿發展前景和大陸改革開放後經貿發展的潛力。

　　1999年理律老友蔣德郎律師出任蘇黎世保險公司董事長兼執行長，邀我出任該公司高級顧問，每天下午上班，核改英文函件。2005年蔣德郎兄自蘇黎世保險公司退休，我也隨之辭去顧問之職。

　　2000年，首任交通部觀光局從科員逐層晉升為局長的張學勞兄聘我為觀光局顧問，這是唯一的一次擔任不幹活的榮譽職顧問。

筆者夫婦參加前行政院孫運璿院長90大壽與孫院長伉儷合影。

　　我退休已有十多年，有時在公共場合聽到有人喊叫「仇顧問」，回頭一看是國貿局或蘇黎世保險公司的老同事，寒暄時節，心中倍感溫馨和安慰。

　　作為「仇顧問」可說是我一生中最有成就感的人生經歷。

寫於2010年3月

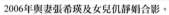

2006年與妻張希瑛及女兒仉靜娟合影。

2006.12.25

第四輯

海峽兩岸一甲子

29
中國大陸演講之旅

　　1988年首次返大陸探親之後，我於1990年與當年赴英國受訓及接收英國所贈輕巡洋艦〈重慶號〉的老同學取得聯繫，並參加了上海歐美同學會留英海軍分會的年會，離散四十多年後，當年穿著英國皇家海軍制服的年輕中國水兵，都已是年過六十的小老頭，相見時還依稀記得許多熟人，叫得出名字，但談及往事都唏噓不已。

　　當年上海歐美同學會副會長袁隨善老前輩是在抗戰時留學英國利物浦大學攻讀造船工程，他對我很感興趣，詳細問我在台灣的工作經歷，並邀我次年返滬時，舉行一場演講，介紹世界的貿易發展過程和展望，以及歐洲共同市場，因此開啟了我在大陸各省市的演講之旅。

　　1991年中，我踐約於參加留英海軍同學會年會後，在上海政協大禮堂舉行了一場演講，除留英海軍同學外，尚有歐美同學會其他會員，他們都在政府擔任公職或在教育界和企業界服務。由於當年大陸資訊閉塞，對國外的經貿發展情形缺乏全盤瞭解，因此聽眾對我演講反應熱烈。當年重慶艦老同學遍佈在各省市居住，一部份同學擔任當地政協委員或常委，紛紛邀我前往各地演講，我雖已年過六十，但體力和精神尚佳，故在1992～1995年中，先後在十一個省市舉行演講及座談會。

1988年10月與二哥家龍及四弟家驊在上海南市區老家合影。

　　2008年5月中，上海留英海軍分會舉行最後一次大聚會，以紀念接艦歸國六十週年，我應邀以「台灣的過去、現在和未來」為題，作了人生中最後一次的演講，嗣後並與當年在南京入伍旳赴英海軍學兵大隊第四中隊十多位老同學茶敘，共同回憶六十年前在上海提籃橋荊州路的日軍兵營入伍訓練情形，以及在英國受訓及接艦時辛苦和緊張的歲月，大家都已是年過八十老翁，故特別珍惜這最後一次的茶聚，臨別依依，彼此互道保重及叮嚀常常寫信連繫。

　　此文是我撰寫中的回憶錄最後一篇，不禁有打完人生中最後一仗之感，更有驀然回首，伊人仍在燈火闌珊處的悵觸。

寫於2010年6月

1988年10月首次返上海探親與家人歡聚。

筆者於1990年在上海與留英海軍同學合影。

30

重慶靈甫兩艦接艦歸國六十週年紀念
致老同學的一封信

親愛的同學們：

　　時光不留人，轉眼間我們從英國接艦歸國已經60年了，上海市歐美同學會留英海軍同學會胡步洲會長認為我在台灣見證了台灣經濟的成長，爾後後在1990年代曾應邀在中國大陸各省市作經貿專題演講，特來信囑我將一生經歷「給親愛的『老海狗』們寫一封二、三千字的信，讓艦人知道你的寶貴經歷……」，因此遵命用筆墨來與大家分享我辛苦而曲折的人生經歷。

　　1948年9月間，我參加了筆試考取了海軍總部交待重慶艦保送八人參加41年班（1952年級）海軍軍官學校學生大隊受訓，當時錄取的同學為：鄧介南、陸樹源、江相熙、余天祥、李昌民、詹克鋤、王安定和仉家彪，另靈甫艦保送兩人為：左作枹和蔣中元。如今陸、王兩位已離世，江於1970年代在美國失蹤，余住在美國，蔣在澳洲，左在重慶，僅鄧、李、詹、仉在台灣。

　　1952年秋季畢業後派艦服務，1953年冬考取留美，在加洲聖地牙哥兩棲作戰訓練基地受訓，1954年返台參加籌設兩棲訓練司令部，擔任教官，1957年派艦服務，1958年任職兩棲部隊司令部作戰處作戰官，參加當時金門砲戰，擔任負責運補支援金門的海軍特遣部隊作戰官，1959年任外事連絡官，1961年考進台北國防部連絡局擔任外事連絡官，工作對象是美軍顧問團及美國海軍台灣協防司令

部；1965年派赴美國華盛頓行政院駐美採購團軍資組工作三年，並在馬里蘭州立大學夜間部苦讀三年平生所愛的文史課程。1968年升為海軍上校，1969年出任海軍總部外事連絡室主任，同年10月應經濟部的邀聘，並奉准自海軍退役，離開了自1946年2月考進海軍赴英學兵大隊以後的23年8個月的海軍生涯，時年40歲。

我在經濟部是以顧問職務擔任孫運璿部長（後出任行政院院長）英文秘書及主管國際合作業務，因需要對來訪外賓作英文簡報，介紹台灣經濟發展過程及對外貿易成長情形，故必須下苦功研讀經貿文件與熟記重要年代及統計數字資料，奠定了我1980～1996年在歐洲國家，台灣及大陸各地演講或參加研討會，綜論世界及台灣經貿發展過程，以及中國大陸改革開放後經濟發展經過所有的歷史過程及各項統計數字與發生年代的基本功夫。

此外，我也被經濟部國際貿易局聘為英文顧問，修改英文函稿，因此我需要參加經濟部部長級的國際合作會議及局長級的貿易談判會議，並綜理會議記錄及撰擬部長或局長的開幕時演講稿及結束時的雙方聯合公報，常需開夜車通宵趕場，或整理會議記錄。此時正是台灣經濟起飛的開始，現在說起來難以令人理解，當年在經濟部綜理英文函稿僅我一人而已，實際上是當年優秀人才都紛紛出國留學或在企業界發展，因為公職人員待遇菲薄，不能吸引一流人才，可見當時台灣政府發展經濟及對外貿易的過程多麼艱辛。

如今回顧1969～1971年我在經濟部工作的兩年中，靠著良好的英文基礎，現學現賣，苦學苦練，在經濟部留下了尚佳的口碑，嗣後除赴美工作外，一直擔任國貿局英文顧問，前後達20年之久，迄1996年我完全退休為止。此期間蕭萬長和江丙坤從國貿局局長升任經濟部部長的十餘年之間，他們的英文演講稿都由我撰擬。老長官孫運璿在行

政院院長任內，於1987年中風轉任總統府資政時，我已自公職退休10年，立即義務為他處理與國際友人的英文函件達十年。

1971年秋，政府為發展觀光事業，設立交通部觀光局，邀我擔任首任主任秘書兼企劃組組長，1973年冬應外交部的邀聘出任北美司專門委員，1974年派赴駐美大使館擔任一等秘書及參事共四年，負責美國國會連絡工作，常陪同參、眾兩院議員及國會助理訪問團訪問台灣，參觀當年引導台灣經濟起飛進一步發展的各項建設，並陪同拜會蔣經國總統及行政院孫運璿院長，因此有機會深入了解台灣的政治和經濟發展和未來的展望，對於我後來（1980～1996年）擔任對歐洲經貿關係拓展工作16年，及於1992～1995年在大陸各省市講演國際經貿專題，有能力縱橫暢談，對答如流自有極大的幫助。

進入50歲之年，我開始思考今後的生涯規劃，深感自己的勤奮努力和工作成就，已獲很多的伯樂賞識，但官位漸高也引起嫉妒及讒言，自知個性率直，不會虛假應對，更不願沾染官場的馬屁文化，遂決心申請調回台北及提前退休。1978年3月我自外交部退休，服務軍、經、政界共25年6個月、退休時我的文官官階已升至簡任一級，此乃文官的最高階（相當於軍中的中將）。

1978～1980年，我在企業界任職兩個公司，一為建造遊艇，擔任副總經理，一為當年台灣著名的房地產集團，擔任其旗下的海外開發公司總經理；我走遍波斯灣中阿部達比、杜拜、巴林、卡達、沙烏地阿拉伯等國家以及埃及，接洽和商討合作在該地區建造公寓、百貨公司與辦公大樓等業務。可惜我的書卷氣消除不了，無法適應中國商場的應酬宴飲文化，以及忍受一部份阿拉伯商人在台北時毫無顧忌縱情酒色，我必須相陪的痛苦，和其在本國時穿上白袍就變為另一嘴臉，傲慢而無信。因此當老長官觀光局曹局長奉命籌設半官方旳中歐貿易

促進會時，邀我去相助，我欣然答應，因為他的一席話說中了我的心坎，他說：「家彪，你既不喜歡做官，但我看也不適合做生意，因此你最適合擔任民間的對歐洲拓展經貿工作……」。

中歐貿易促進會是半官方的社團法人民間組織，採會員制，由台灣國營企業、民間大型企業如台塑、聯電等公司，公民營銀行及各大公會等捐助和經濟部補助，經辦對歐經貿拓展業務，第一任理事長是辜振甫先生。設立的主要因素是針對台灣與歐洲國家無外交關係，官方接觸很是困難，當時台灣經濟已起飛，對外貿易仍以出口為導向，美國、日本、香港及東南亞國家為主要貿易國家，但歐洲國家相比就很保守，不願與我政府談判關稅及貿易障礙問題，有鑒於歐洲國家加入共同市場已日益增多，台灣必須設法打開歐洲的廣大市場及吸引歐洲高科技工業來台投資或技術合作，以維持台灣經濟的成長。

我在「中歐」自組長、副秘書長至秘書長，擔任行政工作13年，因健康關係自請退休，但留任全日上班的顧問3年，共16年，是我歷任工作中服務最久的單位，也是最能讓我自由發揮潛力，成就感最高的職務。此期間我常單槍匹馬走遍西歐及北歐國家，組織經貿訪問團赴歐洲各國訪問工商組織銀行及大企業，介紹台灣經濟發展情形及前景，組成專業小組赴歐洲大都市主持研討會或座談會，因此在對歐工作16年中，我訪問歐洲估計有三、四十次，最長一次旅行40天，訪問9個國家，至為辛苦。但最重要的是我接觸到西方文明及其普世價值，除德語系歐洲人天生冷漠外，英、法人的優雅、西班牙與義大利人的熱情，北歐人的純樸率直，令我有賓至如歸感，也學到不少歐洲人的長處。

1988年第一次回上海探親，1990年第一次在上海參加留英海軍同學會，老同學在四十多年後再能重聚，初見時每個老友都感慨系之，當時歐美同學會副會長袁隨善老前輩與我詳談，知道我的經歷後，預約於1991年參加同學會時，在上海市政協大會堂對歐美同學會作國際經貿專題演講，開始了我在大陸的第一次演講，1992年5月大連秦咸周同學安排在東北財經大學及大連理工大學演講，同年10月應邀在復旦大學演講，迄1995年為止，我已在上海、北京及天津各市，江蘇、浙江、安徽、福建、廣東、湖北、四川、山東、河南，河北及遼寧等11省大學院校、政協、外經貿委等單位講演、座談會及研討會約計七、八十次，聽講人數粗估約有七八千人，我能在大陸經濟發展啟蒙時期，略盡棉薄之力，乃是我人生最大的榮事，也是我畢生學習及工作經歷累積之智慧，發揮到淋漓極致的境界。此期間閻啟泰同學安排南京大學、黃旭東同學安排河北財經學院及經貿學院、武定國同學安排遼寧大學、李岳同學安排安徽大學、中國科技大學、劉一江同學安排廣州中山大學，張振東同學安排在山東大學，常州裴爵三同學安排在市政府，張前修同學安排在山東棗莊等處演講，惟一遺憾的是沈民威同學多次邀我去甘肅省蘭州市演講，終因心血管堵塞停止演講，未能踐約，深感歉疚。

　　回顧一生，我從事公職，未任高官，投入企業未曾致富，但一直是軍、政、經服務單位的中堅骨幹，做任何事都全力以赴，得到不少伯樂的提攜和後輩的尊敬，略可告慰。我知道同學們對台灣問題很有興趣，我已電告胡會長，盼五月同學會的第二或第三天，安排我對「台灣的過去、現在及未來」作一小時的報告，然後回答大家的問題與疑慮。

　　最後我願以一首打油詩來為自己作個總結：

一身傲骨無驕氣，勤奮自學心得積

宦途似順無志攀，悠然淡泊養天年

敬祝各位「老海狗」身體健康，新春如意。

小弟仇家彪敬書2008.1.26

筆者於2008年5月在上海與留英海軍老同學合影。

31

台灣的過去、現在及未來
2008年5月15日應上海歐美同學會留英海軍分會之邀講演

　　所謂「歷史」，就是一部人類的經濟活動史，並非「政治活動史」，因為成王敗寇古今中外都是一樣，孰是孰非也是當權者所說而定，可以參考，但不足為憑。而經濟活動史是由數字來作證，乃是鐵一般的事實，所以今天我要向各位嘉賓報告的內容，主要是以經濟活動為主，政治與軍事為次。

台灣背景資料

　　清朝時期，福建漳州及泉州一帶閩南語系人民，因當地人口漸眾，謀生困難，開始大規模冒險移往台灣，絕大部份住在台灣本島西海岸土地肥沃的沿海地區，爾後閩粵一帶的客家人也紛紛到台灣發展，但因中國人向來有排斥不同地域和方言的族群主義傳統觀念，因此，移民來台灣的客家人，只得在西海岸附近的山區屯墾。1949年中，在經過3年激烈的國共內戰後，60萬國軍及眷屬潰退至台灣，100多萬中國各省的政、教、工、商界人士及家屬隨同撤退至台灣共約200萬人之眾，當年台灣本土人口是600萬，早期的最著名口號是800萬軍民保衛大台灣。

台灣土地面積共三萬六千平方公里，但可耕地只有三分之一，而適於居住的土地只有四分之一，故人口密度為世界第二，僅次於孟加拉。此外，台灣並無任何資源，主要農作物是稻米和甘蔗以及水果，稻米生產除了足夠供應八百萬軍民之外，仍有餘糧出口。

國民政府遷台初期，先總統蔣公自請下野後尚未復職，李宗仁代總統則流亡美國，陳誠主持東南長官公署，鐵腕整頓潰退來台的部隊，和加強防衛台、澎的軍務。該時凡撤退來台的部隊，在基隆和高雄兩港登岸後，大部份均奉命在碼頭繳下槍枝，然後分派至各基地整編和訓練，陳誠在台灣最危險的時候，對防衛台灣和穩定軍心民氣貢獻至鉅。

當時吳國楨是台灣省政府主席，在財政極度困難之下，調節金融和經濟政策，使額外增加的200萬軍、公、教人員及眷屬衣食無虞，雖然因政治鬥爭，吳國楨於1953年中辭台灣省政府主席，離台赴美定居，但他早期對穩定台灣的貢獻，是不可否定的。

軍事對抗時期（1949～1965）

1949年是台灣最脆弱和最危急的一年，也是草木皆兵，人心惶惶的一年，就在1949年10月25日夜，共軍約兩萬人自廈門一帶地區，由以機帆船為主的各種船隻乘載，登陸金門北部。當時胡璉將軍率軍在當天自汕頭撤退至金門，埋鍋造飯吃了來到金門後的第一頓晚餐，就奉命至古寧頭增援，此役激戰了三天，擊退了進犯的共軍，並俘虜了二、三千人，此乃國軍兵敗如山倒的兩年中，第一次打了一場勝仗，守住了金門，也奠定了兩岸軍事對壘，以金門及馬祖作為固若金湯的保衛大台灣的屏障。

1950年3月蔣公復職視事，1950年6月韓戰爆發，杜魯門總統宣佈美國海軍第七所艦隊進入台灣海峽協防台灣，並恢復對台軍事與經濟援助，一反一年前發表的「中國白皮書」指責國民政府應為失去中國大陸負責，並宣告停止一切軍、經援的落井下石絕情論調，突現國際政治的現實和權謀。此外，派遣軍事顧問團來台，協助訓練及裝備國軍，並遴選三軍軍官赴美受訓，較新的空軍戰鬥機和軍艦亦陸續贈交國軍。因此，可以說韓戰救了台灣，歷史是諷刺的！

　　1950年代台海局勢極為緊張，此時大規模的陸戰已經停止，取而代之的是海戰，國共兩方海軍頻頻交手，互有勝負，然而1950年初，在錢塘江口巡邏的空軍P51戰鬥機兩架，被中共的雅克式噴射戰鬥機擊落。因空中優勢不再，國軍於1950年5月中旬自舟山群島撤退，嗣後於1955年中，因駐防及巡邏大陳島的海軍艦艇，不再受到空軍戰機的掩護而遭受米格機的攻擊，損失頗大，故國軍再度由大陳島撤退。但此次撤退連大陳島全部人口都隨軍撤退，故規模甚大，並由美國第七艦隊協助及護航，當時全部中、美艦船均於夜間燈火通明，表示撤退決心，故中共方面也無任何舉動，此種不言而喻冷戰時代的默契，如今回憶起來，也覺有趣。

　　1958年8月23日下午5點30分，共軍對金門發動大規模砲擊，拉開了金門砲戰的序幕，金門頓時陷入一片火海，成為全世界的焦點。9月30日，美國國務卿杜勒斯發表聲明，建議我退出金門，以台灣海峽為界，實行停火，為台北所嚴拒。10月6日，中共發表「告台灣同胞書」，暫以七天為期，停止砲擊，並建議舉行談判，不過遭台北拒絕，這月底，砲戰進入了尾聲，中共宣佈「單打雙不打」。1961年開始不打實彈，只打宣傳彈，直到1979年，中共發佈「葉九條」的同時，宣布停止砲擊。

台灣中國時報於2007年8月23日登載了著名記者徐宗懋所寫的專文〈仰天長嘯，壯懷激烈──紀念「八二三」砲戰勝利，向英勇犧牲的勇士們致敬〉。謹將徐文的結論抄錄如下，次誌紀念：

回顧這場史無前例的砲戰，源於特殊的國際局勢，中共以砲擊金門試探中美防禦條約的有效性，美國則要我放棄金門，顯露其對中國及領土的野心。面對雙重的壓力，我方堅持自立自強，不屈不撓的精神，同時台、澎、金、馬人民團結一致，誓為15萬金門國軍的後盾，在為期一個月的砲戰中，國軍發揮了國民革命軍的優良傳統，流血犧牲，頂住了近50萬發砲彈的轟炸。今天，冷戰結束，兩岸走向和解，經貿交流日益密切，但我們仍然不能忘記49年前為保衛台、澎、金、馬犧牲的戰士們；經由那場砲戰，我們同時向中共和美國展現了強大的自我精神。同時，透過這場砲戰所展現的中華民族的共同立場，使得兩岸在一中各表的定立上，得以由軍事對抗逐漸轉移為長期和平的制度競爭。八二三的勇士們為台澎金馬人民的安全幸福而戰，為中華民族的利益而戰，為中國人民憲政的目標而戰。這種奮戰不懈的精神，對今天我們追求兩岸長期和平民主統一的目標，仍然是不可或缺的。

1960年代開始，中共因大躍進運動和實施人民公社，引起全國性大飢荒，蔣公嚴令國防部及三軍總部秘密籌備反攻大陸大業，國防部成立國光計劃室，率領三軍總部草擬反攻大陸計劃，緊鑼密鼓準備反攻作戰。當時美軍顧問團千方百計探聽內情，未曾得逞，因為此乃「絕對機密」，但是美國政府也有一手絕招，暫停軍援中若干有關突擊登陸所用的裝備與軍品，後來終因美國政府的不支持，蔣公的反攻大陸大業終未如願，至1964年左右就雲淡風輕了，因為

美國政府宣佈自1965年開始中止經濟援助，軍援物資與裝備一部份改以軍售，必須以美金外匯支付。此後，台灣就傾全國之力投入經濟建設，展開了台灣經濟發展全新的一頁。

但是，台灣海峽的緊張軍事對抗局勢開始趨向和緩，有兩個重要因素，一是1964年10月16日，中共成功地在新疆羅布泊完成核子試爆，從此擠身於核子俱樂部，這次試爆震撼了千里之外的台北政府。其次是1965年8月6日國軍章江艦及劍門艦在金門以南的烏坵海域執行任務時，與中共海軍遭遇並發生海戰，遭到擊沉，此乃兩岸海軍最後一次的海戰，台灣方面稱為「八六海戰」。

台灣經濟發展過程

1.土地改革與農業建設（1950年代）

陳誠於1950～1954年時期擔任行政院長時，積極策劃土地改革，第一階段是實施三七五減租，使佃農所得的收益，地主只能拿到37.5％，因此佃農生活改善，產生了很多「三七五新娘」的佳話。

第二階段是公地放領，就是釋放出政府或公營事業單位的土地賣給佃農。

第三階段是耕者有其田，將本來租給佃農的土地放領給佃農，佃農交地價，但分十年攤還。地主所得的補償一部份是政府債券，一部份是四個公營事業的股票，包括台灣水泥、台灣紙業、工礦公司和農林業公司。這四家公營事業轉移為民營事業後，原來的地主轉變為台灣第一代大企業家，如辜振甫家族。

2.美援時代（1950～1965）

　　1950年中，韓戰爆發，美國政府開始以軍援為主，經援為輔，相輔相成。經援是提供台灣需要的物資如黃豆、玉米、小麥等農產品，在市場賣掉之後就產生台幣，這些台幣成立一個美援相對基金，將出售所得支援軍方和民間的需要，以及經濟建設，諸如鐵路、公路等。因此，當時美援貢獻頗大，台灣外匯不夠，靠美援供給不足的外匯，以彌補出口所賺外匯不足，並維持物價的安定，使台灣經濟能夠穩定發展。

3.發展進口替代工業（1950年代）

　　政府剛來台灣時，經濟不穩定，因此增加外匯是最重要的工作，當年出口就靠兩項東西，一項是米，一項是糖，大部份輸往日本，大抵只有一億美元左右，但台灣需要二億美元之外匯。所以就先發展進口替代的產品，以節省外匯，也就是發展進口替代的工業──肥料工廠（與食有關），紡織（就是衣），水泥，三夾板和塑膠等產品（住與行）。

4.出口擴張（1960年代）

　　進口替代是基於國內需要，超過國內需要時就鼓勵它外銷，這是一個漸進的轉變過程，到了1960年代，出口就成為確定的目標了。1960年中，立法院通過獎勵投資條例，推動民營工業發展外銷，以適應經濟的發展，當時紡織工業最值得優先發展，因為人工很便宜。因此，1960年代的10年期，紡織由棉紡料成人造纖維，發展很快，規模越來越大，後來再進而發展成衣業，做成的成品出口

價值也更高，逐漸佔出口的第一位，紡織品則退為第二位，因成衣業可以在高樓大廈或是公寓裡製造。

5.第二次進口替代——發展石化工業（1970年代）

台灣本身市場太小，故生產任何產品，如果不考慮外銷市場，幾乎很難成功。以輕工業而言，從1960年代開始，紡織業是發展最快的工業，幾乎全部都外銷，重工業方面的石油化學工業也是一樣，最後的產品大部份也是外銷。因此，紡織業、合成纖維業成長很快，塑膠加工業的需要量也很大，大部份這些產品的原料來自石油化學工業的裂解，由石油化學中間產品提煉出來，最早靠進口石化原料，讓合成纖維紡織業、塑膠加工業廠商加工出口，累積10年後，進口原料越來越多，到達相當數量以後，就開始自行發展石化工業原料的生產。

所以1970年代可稱為第二階段進口替代時期，因為第一階段（1960年代）替代進口的是製成品，第二階段替代進口的是半成品。因此，台灣開始建立石化工業生產品，是要替代1960年代進口的中間原料，後來台灣在1970年代推動的「十大建設」中，石油化學工業也是其中的一項。此外，台灣家電產業自1970年代逐漸發展至1980年，擠下紡織品，躍升出口首位，直至1993年電機電器產品仍佔出口比重近四分之一。

6.加工出口區——沙土變黃金

台灣經濟奇蹟的「建築師」與「科技之父」的李國鼎先生，利用1957年及1962年赴歐美開會，先後兩度參觀義大利Trieste港自由

貿易區，遂決定將自由貿易區與工業區合併經營成為加工出口區，他也可以說是世界「加工出口區之父」。李國鼎先生先後出任經濟部長和財政部長，以及主管科技發展的行政院政務委員，帶領台灣從1950年代初期外匯收入只有一億美元，到1990年代成為世界上外匯存底第二大國家，僅次於日本。即使因最近八年政治動盪不安，經濟成長衰退，但台灣的外匯存底仍位居世界第三大國，僅次於中國大陸和日本。

1966年，高雄加工區正式成立，由經濟部管理。加工出口區外銷產品進口原料和零組件不必納稅，區內設廠土地分大小廠區，分別規劃，省卻一般投資者尋覓廠地之勞，以及向當地政府各單位申請、登記及核准之奔跑洽公之苦。加工區內的辦公大樓由各單位集中辦公，諸凡進口原料，出口成品、報關、結匯、銀行貸款和郵電業務等，都在一棟大樓內完成辦理，非常簡便。

加工出口區設立時，僑資比外資多，從香港來的投資人比較多，韓國後來設立加工出口區時，就沒有這項優點。著名的荷蘭飛利浦公司是最先來台投資的外資公司之一，最多時在全台僱用一萬多工人。目前台灣三個加工出口區已從過去的勞力密集，改變為技術密集工業，僅飛利浦公司在高雄加工區設立的建元電子公司，生產電子、電腦零配件，它在2005年的生產值已超過一千一百億台幣了。

加工出口區除了促進台灣的經濟發展之外，對於其他國家影響很大，據統計全球有25個以上國家仿照台灣制度，設有加工出口區，其中以中國大陸的經濟特區規模最大，最為成功，可以說是後來居上。

7.發展科學園區（1980年代）

1980年代，行政院孫運璿院長與行政院李國鼎政務委員洞察了未來資訊工業的發展前景，決心設立科學園區，事實上科學園區是仿傚加工出口區，但增加一個條件，就是必須設在有足夠科技人才的地方。以新竹科學園區來說，因為有從事基礎研究的兩個大學交通大學和清華大學，以及針對應用科學研究的工業技術研究院，可以彼此配合，進一步將工業園區研究單位結合，再將研究的結果、技術轉移出去，提供給工業界設廠生產。

此一階段，世界經濟空前繁榮，電子資訊工業蓬勃發展，許多傳統產業大企業如台塑公司、遠東紡織等集團都以豐沛的資金投入高科技產業，大批在美國工作多年的擁有高學位教授、工程師、律師、金融業人士，紛紛返台灣發展。因此，高科技產業也自科學園區迅速擴展至台灣各地工業區，台灣家電產業至1980年代擠下紡織品，躍升出口首位，然而台灣出口明星產業差不多每10年會重新洗牌一次，從加工食品、紡織成衣而至電機電器變化速度極快。

8.台灣經濟鼎盛時期（1990年代）

隨著全球電子資訊工業蓬勃發展，家電業西進大陸生產，台灣產業在1990年代經歷了前所未見的轉變，如今電機及家電產品出口已不到5％，取而代之的是電子資訊產業，台灣到了2000年代初期出口的電子產品（半導體元件等）及資訊通信產品（電腦、手機、面板相關零組件）佔出口比重已升至30％以上。台灣被稱為電子資訊大國，不少產品市佔率高據全球第一。

1992年，亞洲發生了歷年來最嚴重的金融風暴，影響所及，韓元、泰銖狂貶五成，股市一瀉千里，亞洲經濟發生二戰後最嚴重的浩劫，但台灣因外匯存底厚實，受到影響最低。另一主要原因是，到了1990年代初期，台灣已逐漸脫離以勞力密集為特質的產業，提升為資本或技術密集的產業，尤其是大企業興起，其中很多是由中型企業蛻變而來的，民間逐漸有了具國際觀的企業家，他們對國際市場的瞭解較政府官員多，他們知道自己該發展什麼產業，以及如何去發展。

　　同時到了1990年代，由於勞動生產成本增加，已失去廉價勞工的比較優勢，當一般中小企業面臨生存問題的挑戰，部份業者不得不到海外去找尋發展的機會，他們知道該到何處去發展，也更清楚該發展何種產業才能立足。當政府再三鼓勵他們「南向」發展，他們卻採取「西進大陸」行動，事實上，他們對海外的投資的瞭解較政府官員更切實際，後來證明，凡隨政府「南向」的業者，多鎩羽而歸。

　　政治干涉了經濟活動，從李登輝開始到陳水扁的十餘年中，終於對台灣經濟發展帶來了浩劫，以至於台灣在2006的經濟成長，排在亞洲國家的最後一名。

政治侏儒時期（2000～2008年）

1.「政治台灣」壓垮了「經濟台灣」

　　台灣十年來的內鬥——從本土化、省籍情結、外來政權、去中國化，到兩岸戒急用忍、三通不通，無一不在封殺國際的視野，綑

綁住自己的發展空間,「官方台灣」在世界舞台上的能見度早就消失了。一直受到世人稱讚、最具活力的「民間」台灣,正被少數政治人物的意識型態所主導的「公家」台灣壓垮了。

　　以上所述是台灣著名經濟學家及「遠見雜誌」出版人高希均教授在2006年12月28日聯合報副刊所載的「看不見的新柏林牆」一文中所述,高教授在此文中又一針見血地說:

　　「決策錯誤比貪污更可怕」,二十年前我在威權時代提出的警告,居然變成了對經國先生接班人李登輝最貼切的指責,李登輝之大錯,就是把台灣擁有的才華、精力、資源與發展的空間,轉化台灣內部無休止的、無生產力的意識型態鬥爭。2000年後當選的陳水扁更是變本加厲,煽動族群仇恨,以鞏固其政權,中華民族歷史上第一次政權和平轉移可能出現的典範,竟轉變成了幻影。

　　高希均教授在2007年7月28日的聯合報副刊一文中又說:

　　近二十年來,對台灣社會造成最大的傷害是「情結」:從省籍情結到統獨情結,從南北情結到方言情結、從二二八情結到反商情結,其結果是「只有立場、沒有是非」,政客們巧妙地利用選民的情結,掩飾自己的施政空轉、個人貪瀆、利益輸送、社會沉淪。

2.民進黨的成和敗

　　才成立二十年,民進黨當年的創黨理想幾乎蕩然無存,民進黨前立委郭正亮說,民進黨三個核心價值,就是台灣本土、民主及照顧弱勢階級,但諷刺的是,從這次總統大選可以看出來,民

主及弱勢階級反而成為國民黨主攻的議題,當其他核心價值都不見了,民進黨選舉只能猛打本土牌。

政治大學台灣文學研究所陳芳明所長說,民進黨執政八年,看不見全民總統,只有深綠、福佬人總統,他說:「那有已經民主化,卻是不論外省人、福佬人、客家人、原住民各族群都有危機感?」陳芳明指出,民進黨沒有預期在2000年會當選,當選後沒想到權力會這麼大,好像中了頭彩,權力忽然掉下來,於是黨內要員忘記理想,忙著卡位。更糟糕的是,位置的分配,完全是看和陳水扁或其「正義連線」派系的關係親疏遠近而定。

陳芳明表示,不論民進黨內外,檢討反省民進黨時,都不能忽略陳水扁的角色,他說:「陳水扁是錯誤時代做出來的錯誤選擇,為了掃除國民黨威權時代,急著找一位明星,但是能夠馬上得天下,卻不能馬上治天下,一個草包上來,對文化傷害很大。」陳芳明痛心的說:「本土、轉型正義這些價值,讓扁詮釋,實踐後全部被污名化。本土、正義都是無價的,但是拿來換選票就貶值了,也使得未來要談本土還是轉型正義,都很困難。」

陳芳明說,民進黨決議文明定,台灣未來由台灣住民共同決定,更提出「族群多元、國家一體」的主張,這些都是民進黨崇高的理想,但是陳水扁只有一個二二八,從不尊重別人的歷史記憶。五十年代白色恐怖受害者,外省族群在扁眼中,好像不存在,只彰顯一種價值,遮蓋其他所有價值,如何能達到族群多元、國家前途共同決定的目標。

身為民進黨菁英中的少數外省人,前立法委員段宜康曾在立法院質詢時指出,白色恐怖受難者百分之五十六是本省人,但四成三是外省人,遠超過外省人佔台灣人口的比例,而在泰源監獄、綠島

因不明原因死亡的、幾乎百分之百是外省人，這是因為外省人沒有親族連繫，因此受到更惡劣的待遇。

更大的問題是，段宜康認為，民進黨已是多數，卻對自己沒有自信，民進黨將本土化和去中國化畫上等號，但一部份的中國是洗不掉的，民進黨應該有自信，珍惜中國文化好的部份，排除不好的，不要看到中國兩字就要塗掉，而外省人對中國的感情應該是被尊重的，但民進黨執政到後期，已完全不談這樣的尊重。

1.國民黨重新執政

並不代表台灣人民選擇了國民黨，而是台灣人民選擇了馬英九，因為台灣人民受夠了政客們的口水戰和煽動性言論，他們要的是一位溫良恭儉代表中華文化核心價值，但長期受過西方現代文明普世價值薰陶的有良知的政治人物。

2.二度政黨輪替

完成二次政黨輪替，台灣花了二十年的時間，終於從民主化的課業中結業，台灣雖然是一個新興民主國家，但選舉制度已經凝結牢固，也就是說「中華民國憲法」的運作，不但已經實現了「獲同意，才可執政」，且亦實現了「不獲同意就下台」！

3.重建融和社會

族群融和的基礎來自於彼此的尊重，而尊重每個人不同判斷與選擇的人本理念，正是民主自由的核心價值。過去數年，台灣社會確實產生不少裂痕，有族群之間、有藍綠之間的、有南北地緣之間

的，但幾乎所有的有識之士都指出，這樣的撕裂絕對和政治人物在歷年選戰中的操作與煽動有關。這次的總統選舉已經突顯了台灣人民已經體驗了「族群融和的價值是高於政治立場」的這個大原則；因此，他們作出了明智的選擇。

4.緩和兩岸關係

　　全球輿論面對台灣大選的結果，無例外地都是集中於兩岸關係，而大選後的跡象也顯示，一個全新的兩岸風貌似乎真的在成形。先是布胡熱線首度觸及「九二共識，一中各表」，而馬英九當選後在接受媒體專訪時也強調一中各表，溫家寶也指出，希望在「九二共識」的基礎上恢復協商與談判，什麼都可以談，包括實現三通、加強經濟貿易及文化交流、結束兩岸敵對狀態，達成和平協議等重大問題。

5.積極經濟重建

　　過去八年，兩岸關係僵化，台灣經濟發展顯然受到極大限制，不論就地緣、市場、代工腹地等各角度來看，硬要與中國大陸切割都是對台灣極為不利的。八年下來，不論是製造業的出走、金融業的拓展受限、觀光人數成長不足等，在在都讓台灣嚐到苦果，因此，新政府必須在兩岸關係和解的基礎上，讓台灣重返1990年代經濟快速成長的美好日子。

6.美、中、台扭轉關係興奮時代來臨

馬英九贏得總統大選，美國台海事務專家們稱之為台海關係改善的歷史性時機，是台北、北京與華府扭轉關係的「令人興奮的時代」，因為台海緊張局勢及台灣問題極易把中美兩國拖進直接武裝衝突和對抗。

結論

最後，筆者要引用獲有哈佛大學博士學位的中國大陸旅美學者丁學良於2000年7月11日，在中國時報專欄，最後一段話作為本文的總結：

1930年代的中國，已經慢慢走上經濟工業化和政治多元化的軌道。中日戰爭的爆發，打斷這一進程，導致其後數十年中國的全面混亂和惡化，今天台灣海峽若開戰，一定會是國際性衝突，在最輕微的情況下，台灣要倒退50年，大陸倒退25年。在最嚴重的情況下，後果不堪設想。即使為了阻止最輕微的戰爭後果之出現，我們也應該放開思路，放開眼界，放開嗓門。

寫於2009年元月

附記：

　　我於舉行同學會的前夕，在開會場所上海交通大學的餐廳遇見張仁山同學，當年我們都屬魚雷中隊，他是中士，我是上等兵，他住在士官艙，我住在統艙，當時重慶艦曾在英國招進十多位在英國商船上服務的有經驗的輪機修理士官，以及張仁山電機修理士官。他的母親為英國人，他出生後是在利物浦長大，因此他不會說中國話。

　　1949年2月重慶艦士兵挾持鄧兆祥艦長及全部軍官，開往煙台投誠中共，嗣後重慶艦在葫蘆島被國軍轟炸機炸傷，因無法修復而報廢，當時大部份官兵被遺散復員歸鄉，惟張仁山兄因無鄉可返，被派至河南工作，1978年改革開放後，周恩來總理一念之仁，讓當年從海外回歸為祖國效勞，卻在文革中吃盡苦頭的華僑子弟出境，張仁山兄是其中之一，妙的是仁山兄如今是一口道地河南話。

註：本文有關台灣經濟發展部份，參考及摘錄遠流出版社的訪問李國鼎的
　　口述歷史《我的台灣經驗》。

32
海峽兩岸六十年一甲子

　　2009年中國大陸慶祝建國六十年大典,轟轟烈烈地舉辦了一場建國大典,胡錦濤主席不僅在天安門大閱兵,而且還在青島外海舉行一場海上大閱兵,總共有十四個國家派遣二十七艘軍艦參加是項盛舉,連當年的「美帝」和「蘇修」海軍也派新型軍艦參加,而中國的核子潛艇和導彈艦都是最先進的軍艦,海軍航空兵則更是威風,在天空中編隊飛行,低飛、升高和翻滾,令人嘆為觀止,而這些軍艦和飛機都是中國設計和製造,壯哉!

　　回想去年(2008)五月中,我應邀參加上海歐美同學會留英海軍分會紀念重慶號巡洋艦接艦歸國六十週年紀念大會,並在上海交通大學大禮堂應邀發表了一場兩小時的「台灣的過去、現在和未來」的公開演講。嗣後在答復問題時,孫國楨同學夫人起立問我,當前中國海軍有否需要建造航空母艦,當時我雙手舉起作投降狀說:「中國的軍力現在已夠瞧的了,還是將這筆經費留作農村建設吧。」但今年觀賞了這場壯觀的海上大閱兵,我深為感動,謹在此向孫大嫂脫帽致敬,並坦誠區區在下來自寶島台灣小地方,不見世面也。

　　有趣的是,台灣也在同時期紀念國民政府敗退六十年,先是海峽兩岸三地享有盛名的女作家龍應台出版《大江大海1949》,讓我們這批倖存來台的退役老兵,讀著讀著,老淚縱橫。而最近台灣中

華電視台每日晚上8～10點播出《我在1949等你》，敘述三代人悲歡離合的故事，雖然有點濫情，但張晨光、顧寶明和沈海蓉都是70和80年代台灣電視連續劇的硬裡子演員，所以很有看頭。

正當我沉緬於六十年悲歡離合的悲情中，勿然曙光一現，發現了一本好書《台灣請聽我說：壓抑的、裂變的、再生的六十年》，這本書的編者吳錦勳說：「2009年，國府遷台整整一甲子，這六十年我們經歷了翻天覆地的變化。我們看到台灣由壓抑、逐漸裂變、轉型、徬徨於道途，追尋著出路。於是邀請了十七位背景迥異的當代台灣人物，細細訴說他獨特的生命之河。故事或許發生在不同舞台，不同角落、相同的是故事中的人都將生命無悔地奉獻給這塊土地……」

遺憾的是沒有提到大陸來台軍公教人員對台灣的貢獻，特別是第一代軍人，他們在1949年元月中發生的金門北邊古寧頭一役，擊敗了登陸進犯的共軍，打了一仗國軍在大陸大敗退後的首次大勝仗，守住了金門，因此也穩住了台灣。筆者於1952年自海軍軍官學校41年班畢業後，派在一艘掃雷艦，擔任見習官三個月，全都在大陳島駐防及巡邏，見習期滿，返至高雄，看到年輕婦女，似乎個個都是美如天仙，因為我們已許久未有見到女人也。

接著參加了1955年的大陳島撤退和金門砲戰，當年在美國第七艦隊的協助下，大陳列島軍民全部撤至台灣。依照撤退計劃，全島軍民日夜努力搬遷軍事設備及武器，以及居民的行李舖蓋等，那是一場井然有序的大撤退，夜間第七艦隊及我方艦船都是燈火通明，隔海相望的共軍似有默契，未曾干擾或襲擊，就這樣幾天後，艦船撤離大陳列島航向台灣，上大陳及下大陳遂成為無人島嶼。

爾後在1958年爆發的金門砲戰，我是兩棲部隊司令部作戰處的作戰官，負責擬訂運補計劃，並執行運補任務，當時追隨兩棲部

隊司令馮啟聰中將，率領65特遣部隊，於猛烈砲火下指揮登陸艦搶灘，卸下補給物品，此次砲戰連續至10月下旬始暫停。

此兩大戰役在我的生命中留下了像烙印一般的深刻回憶，進入老年後，仍會夢到從前。

筆者屬龍應台女士父親的軍中弟輩，因此願以此文告訴龍應台女士，她不是失敗者的第二代，他的父親於抗戰勝利後騎馬進入杭州市追求她的母親——綢緞莊老闆的千金，多威風啊！大陸撤退時，她的爸爸是廣州空軍天河機場的憲兵連長，多重要啊！撤退來台後，六十萬國軍整編，她的父親離開軍中，出任基層警察，大丈夫拿得起放得下，以一口湖南腔台語，贏得台南鄉下漁港貧窮漁民的敬愛，多偉大啊！而且她的父親國學底子好，還在晚上督導子女唸李密的陳情表和唐詩宋詞，就在此刻，我能想像她的父母弟妹一家人在寒夜的十支光黯淡的燈下，一齊搖頭擺腦唱讀古文的溫馨場景。

因此，我要大聲告訴龍應台女士，妳的父親不是失敗者，相反的，他像我和千千萬萬在1949年來台的大陸第一代一樣，我們都是成功者，失敗的是國民政府和國民黨，成功的是我們這一代，因為我們不但保衛了大台灣，而且建設了大台灣，退役後我們在各行各業中還發揮了生命的餘熱。但最重要的是我們盡心盡力教育了空前絕後的所謂「大陸來台人士的第二代」，再也沒有第三代了，因為他們已是正港台灣人了。

讀者諸公，我要告訴你們，凡遇見五、六十歲名字叫「台生」或是「寄台」的男性，他一定是大陸來台人士的第二代，我在駐美大使館的老同事，現任外交部駐日代表的馮寄台老弟就是代表性的人物，即使是女性，名字中也常有「台」字，像龍應台教授就是一個例子。這一代人的特點就是用功讀書，因為他們的家庭十、九

貧困，除了讀書以外沒有別的出路，因此以人口的百分比而言，他（她）們的成功率是驚人的，隨便舉幾例子吧：中華民國總統馬英九、科技和文學才子沈君山、前外交部長和前監察院長錢復、親民黨主席宋楚瑜、現任監察院長王建煊、著名國際小提琴家胡乃元、美學大師蔣勳、文學大師白先勇、台灣第一代新詩祖師余光中、台北市長郝龍斌、台中市長胡志強等等，他們都是世界級的領袖人物。麥克阿瑟將軍留下一句不朽名言：「老兵不死，只是凋零而已（Old soldiers never die, they only fade away）」，但是台灣的老兵還成功地教育了優秀而獨特的第二代。

寫於2009年12月

跋

　　蓋聞君子以報國為己任，立功不居，達人視富貴如浮雲，受誣不校，漢之皇甫，宋之王旦，早樹規模，名垂史冊。吾友仉君家彪，本孟母之同宗，擇仁而處。慕班超之雄風，投筆事戎。早歲卒業於海軍官校，品學兼優。其後赴英美諸國深造，益增見聞。曾多次參與戰役，迭建功勳。其後因緣襄助中樞，處理洋務，遂轉外交，斐聲國際。更事國貿，惠及工商。退休之後，將其平生事蹟，撰成本書。觀其歷職，則任勞任怨，克勤克儉。察其待人，則唯誠信，以恕以忠。參與戰役，頗能處變不驚，臨難不苟。辦理外交，又擅不卑不亢，亦剛亦柔。是所以長才見珍，深得長官倚重，持己謙恭，甚為同僚敬愛。雖經「白色恐怖」仍履險如夷。全書文情並茂，條理分明。拜讀之餘，爰書數語，聊表嚮往之意云耳。

　　　　　　　　　　劉瑛（曾任駐約旦大使及駐泰大使）

血歷史01　PC0153

新銳文創
INDEPEDENT & UNIQUE

血歷史
——從英國海軍到孫運璿的英文顧問之路

作　　者	仉家彪
責任編輯	蔡曉雯
圖文排版	鄭佳雯
封面設計	王嵩賀

出版策劃	新銳文創
發 行 人	宋政坤
法律顧問	毛國樑　律師
製作發行	秀威資訊科技股份有限公司
	114 台北市內湖區瑞光路76巷65號1樓
	電話：+886-2-2796-3638　傳真：+886-2-2796-1377
	服務信箱：service@showwe.com.tw
	http://www.showwe.com.tw
郵政劃撥	19563868　戶名：秀威資訊科技股份有限公司
展售門市	國家書店【松江門市】
	104 台北市中山區松江路209號1樓
	電話：+886-2-2518-0207　傳真：+886-2-2518-0778
網路訂購	秀威網路書店：http://www.bodbooks.com.tw
	國家網路書店：http://www.govbooks.com.tw

出版日期	2011年6月　初版
定　　價	240元

國家圖書館出版品預行編目

血歷史：從英國海軍到孫運璿的英文顧問之路 / 仉家彪著.
-- 一版. -- 臺北市：新銳文創, 2011.06
　　面；　公分. -- （史地傳記類；PC0153）
　ISBN　978-986-6094-03-3（平裝）

　1.仉家彪　2.回憶錄

783.3886　　　　　　　　　　　　100006213

讀 者 回 函 卡

感謝您購買本書,為提升服務品質,請填妥以下資料,將讀者回函卡直接寄
回或傳真本公司,收到您的寶貴意見後,我們會收藏記錄及檢討,謝謝!
如您需要了解本公司最新出版書目、購書優惠或企劃活動,歡迎您上網查詢
或下載相關資料:http:// www.showwe.com.tw

您購買的書名:＿＿＿＿＿＿＿＿＿＿＿＿＿＿＿＿＿＿＿＿＿＿＿＿＿

出生日期:＿＿＿＿＿年＿＿＿＿＿月＿＿＿＿＿日

學歷:□高中 (含) 以下　　□大專　　□研究所 (含) 以上

職業:□製造業　□金融業　□資訊業　□軍警　□傳播業　□自由業
　　　□服務業　□公務員　□教職　　□學生　□家管　　□其它＿＿＿＿

購書地點:□網路書店　□實體書店　□書展　□郵購　□贈閱　□其他

您從何得知本書的消息?

　□網路書店　□實體書店　□網路搜尋　□電子報　□書訊　□雜誌

　□傳播媒體　□親友推薦　□網站推薦　□部落格　□其他＿＿＿＿＿＿

您對本書的評價:(請填代號　1.非常滿意　2.滿意　3.尚可　4.再改進)

　封面設計＿＿＿　版面編排＿＿＿　內容＿＿＿　文／譯筆＿＿＿　價格＿＿＿

讀完書後您覺得:

　□很有收穫　□有收穫　□收穫不多　□沒收穫

對我們的建議:＿＿＿＿＿＿＿＿＿＿＿＿＿＿＿＿＿＿＿＿＿＿＿＿＿

＿＿＿＿＿＿＿＿＿＿＿＿＿＿＿＿＿＿＿＿＿＿＿＿＿＿＿＿＿＿＿＿＿

＿＿＿＿＿＿＿＿＿＿＿＿＿＿＿＿＿＿＿＿＿＿＿＿＿＿＿＿＿＿＿＿＿

＿＿＿＿＿＿＿＿＿＿＿＿＿＿＿＿＿＿＿＿＿＿＿＿＿＿＿＿＿＿＿＿＿

11466
台北市內湖區瑞光路 76 巷 65 號 1 樓

秀威資訊科技股份有限公司　　　收

BOD 數位出版事業部

....

（請沿線對折寄回，謝謝！）

姓　　名：＿＿＿＿＿＿＿＿　年齡：＿＿＿＿　性別：□女　□男

郵遞區號：□□□□□

地　　址：＿＿＿＿＿＿＿＿＿＿＿＿＿＿＿＿＿＿＿

聯絡電話：(日) ＿＿＿＿＿＿＿＿＿　(夜) ＿＿＿＿＿＿＿＿＿

E-mail：＿＿＿＿＿＿＿＿＿＿＿＿＿＿＿＿＿＿＿